THE

EVERYTHING

LARGE-PRINT TV
WORD SEARCH BOOK

VOLUME 2

Dear Reader,

I had a blast creating this book for you! It was fun taking a deep dive into the world of television. I've returned with a boatload of word search puzzles that cover TV in all its glory. Each puzzle has a TV-related theme with relevant words hidden in the grids. You'll be familiar with many of the words, but some might test your knowledge.

Besides watching a lot of television, I've also created a lot of puzzle books. (More than one hundred and counting!) My favorite format is large print, like this book. It's similar to watching TV on a giant screen. When you can see the grids so clearly, the hunt for words is more enjoyable.

Like TV, word search puzzles can be very relaxing. These puzzles will engage your brain and reward it every time a word is found. And with a gentle focus you will find all of them!

Charles Timmerman

Welcome to the EVERYTHING Series!

These handy, accessible books give you all you need to tackle a difficult project, gain a new hobby, comprehend a fascinating topic, prepare for an exam, or even brush up on something you learned back in school but have since forgotten.

You can choose to read an Everything® book from cover to cover or just pick out the information you want from our four useful boxes: e-questions, e-facts, e-alerts, and e-ssentials. We give you everything you need to know on the subject, but throw in a lot of fun stuff along the way too.

We now have more than 400 Everything® books in print, spanning such wide-ranging categories as weddings, pregnancy, cooking, music instruction, foreign language, crafts, pets, New Age, and so much more. When you're done reading them all, you can finally say you know Everything®!

PUBLISHER Karen Cooper

MANAGING EDITOR, EVERYTHING® SERIES Lisa Laing

COPY CHIEF Casey Ebert

ASSISTANT PRODUCTION EDITOR Jo-Anne Duhamel

ACQUISITIONS EDITOR Lisa Laing

EVERYTHING® SERIES COVER DESIGNER Erin Alexander

Visit the entire Everything® series at www.everything.com

THE
EVERYTHING®
LARGE-PRINT
TV
WORD SEARCH
BOOK

VOLUME 2

120+ must-see word searches for tuned-in TV fans!

Charles Timmerman
Founder of Funster.com

Adams Media
New York London Toronto Sydney New Delhi

Adams media

Adams Media
An Imprint of Simon & Schuster, Inc.
57 Littlefield Street
Avon, Massachusetts 02322

An Everything® Series Book.
Everything® and everything.com® are registered trademarks of Simon & Schuster, Inc.

First Adams Media trade paperback edition DECEMBER 2017

ADAMS MEDIA and colophon are trademarks of Simon and Schuster.

For information about special discounts for bulk purchases, please contact Simon & Schuster Special Sales at 1-866-506-1949 or business@simonandschuster.com.

The Simon & Schuster Speakers Bureau can bring authors to your live event. For more information or to book an event contact the Simon & Schuster Speakers Bureau at 1-866-248-3049 or visit our website at www.simonspeakers.com.

Interior design by Heather McKiel

Manufactured in the United States of America

10 9 8 7 6 5 4 3 2 1

ISBN 978-1-5072-0642-3

Dedicated to my family.

Acknowledgments

I would like to thank each and every one of the more than half million people who have visited my website, Funster.com, to play word games and puzzles. You have shown me how much fun puzzles can be and how addictive they can become!

It is a pleasure to acknowledge the folks at Adams Media who made this book possible. I particularly want to thank my editor, Lisa Laing, for so skillfully managing the many projects we have worked on together.

Contents

Introduction

The puzzles in this book are in the traditional word search format. Words in the list are hidden in the puzzle in any direction: up, down, forward, backward, or diagonal. The words are always found in a straight line, and letters are never skipped. Words can overlap. For example, the two letters at the end of the word *MAST* could be used as the start of the word *STERN*. Only uppercase letters are used, and any spaces in an entry are removed. For example, *TROPICAL FISH* would be found in the puzzle as *TROPICALFISH*. Apostrophes and hyphens are also omitted in the puzzles. Draw a circle around each word you find. Then cross the word off the list so you will know which words remain to be found.

A favorite strategy is to look for the first letter in a word, then see if the second letter is one of the neighboring letters, and so on until the word is found. Or instead of searching for the first letter in a word, it is sometimes easier to look for letters that stand out, like Q, U, X, and Z. Double letters in a word will also stand out and be easier to find. Another strategy is to simply scan each row, column, and diagonal looking for any words.

Puzzles

AL BUNDY	KIM CHI
ARYA STARK	KIRK
BART	KRAMER
BATMAN	LUCY
BENDER	MACGYVER
BUFFY	MAGNUM
BUGS BUNNY	MONK
CARTMAN	MORK
COLUMBO	NEGAN
DAENERYS	PICARD
DARIUS	SAM MALONE
DATA	SCULLY
DENNIS BOX	SEINFELD
DEXTER	SPOCK
ELEVEN	THE JOKER
FLEABAG	TIG BAVARO
FONZIE	TYRION
FRASIER	
GILLIGAN	
HOMER	
HOUSE	
KERMIT	

```
Y R E V Y G C A M U N G A M
A F M O N K S C U L L Y T J
N R F U N E Y C U L Y W Y F
A E Y U U R R B E N D E R T
G T C A B M E V F O N Z I E
E X O B S I N N E D U G O T
N E L N G T E N I B B C N H
F D U E U S A M M A L O N E
L L M V B G D R V R A A A J
E E B E I C J A K T M R M O
A F O L H W R X A T A D T K
B N L E C O D A R I U S A E
A I K S M F R A S I E R B R
G E R U I W C P I C A R D Y
N S I O K R A M E R E M O H
J X K H K C O P S K R O M S
```

Solution on Page 258

ARCHER

AZIZ ANSARI

BILL CAMP

CARRIE COON

CLAIRE FOY

DE NIRO

FARGO

GENIUS

JANE FONDA

JUDY DAVIS

LAURA DERN

MACY

MATT WALSH

PORTLANDIA

RHYS

RIZ AHMED

SCHREIBER

SKARSGARD

SOUTH PARK

TAMBOR

THE CROWN

THIS IS US

TONY HALE

TOP CHEF

TURTURRO

TY BURRELL

VEEP

VENTIMIGLIA

VIOLA DAVIS

WITHERSPOON

```
O T Y B U R R E L L Y C A M
G H S L A W T T A M B O R I
R I H T S I V A D Y D U J R
A S P O R T L A N D I A K A
F I V N D H V D V F J R I S
Z S N Y E E Z E E A A L I N
N U R H N R D H N P G V O A
W S E A I S C E H I A O R Z
O C D L R P F T M D C C H I
R H A E O O U I A E H Q Y Z
C R R T N O T L I E A K S A
E E U D S N O R R U T R U T
H I A H E I R I Z A H M E D
T B L V V A P M A C L L I B
V E E P C L A I R E F O Y E
D R A G S R A K S U I N E G
```

Solution on Page 258

ANTIQUES	MONTANA
APPRAISED	OWNERS
ART	PAINTING
BILLINGS	PBS
BILOXI	PEOPLE
BRIEF	POSTERS
CERAMICS	POTTERY
CHINESE	SEGMENTS
CITIES	SELECTED
COMICS	SPENCER
CUPS	TALKING
ELIAS	TOYS
EXPERTS	VALUE
FEEDBACK	WALBERG
FURNITURE	WATERCOLOR
GLASS	WES COWAN
HISTORY	WGBH
HOST	
HOURS	
ITEMS	
JUSSEL	
KENO	

```
W C O M I C S T R E P X E C
A R T H I S T O R Y N P E P
T P S F S R N O W N E R S B
E O P U B U E L B O A A R F
R T E R P O M B P M N O E R
C T N N A H G L I A S E T S
O E C I A I E C T L D Y S E
L R E T V W S N S B O J O I
O Y R U S H O E A B U X P T
R G O R G M U C D S R C I I
V N N E N Q K E S E N I H C
A I E L I A S E L E C T E D
L K K T L G L A S S W E H F
U L N X L S P U C E Y M P W
E A P A I N T I N G T S O H
J T W G B H G R E B L A W E
```

Solution on Page 258

ACCIDENT

ANCIENT

BODY

BONES

CADE

CAROLINE

DAGGER

DAMON

DEATH

DRAMA

ELENA

ENZO

GIRL

HELL

JEREMY

KILLING

LIFE

LOVE

MAGIC

MATT

MONSTER

MYSTIC FALLS

POLICE

RELATIONSHIP

SACRIFICE

SALVATORE

STAB

STEFAN

SUPERNATURAL

TEENAGE

THE CW

TOWN

VAULT

VERVAIN

VILLAIN

VIRGINIA

WITCH

```
K I L L A E C I L O P V M O
L R R M C N W O T B Y V E U
C W I O C I G A M N A L Z V
O C G N I L L I K U E L I A
G E O S D O M X L N O L M L
E H V T E R O T A V L A S I
R T E E N A G E E A R L T F
T T R R T C D W I D L N N E
M A V I R G I N I A E D A C
E M A S A C R I F I C E F D
H W I T C H I C C O Z N E A
S E N O B Y I N Y D O B T G
T L A R U T A N R E P U S G
A P I H S N O I T A L E R E
B X C Y M E R E J T C Q E R
D A M O N Z L L E H Z H L C
```

Solution on Page 258

BAR	OPINIONS
BREAKFAST	PIZZA
BURGERS	PREPARE
CELEBRITIES	REALITY
CHEFS	RECIPES
CUISINE	REGIONAL
CUSTOMERS	ROAD TRIP
DEMONSTRATE	SAMPLE
DINERS	SMALL
DISHES	SMOKED
DIVES	STAFF
EATERIES	STEAK
ETHNIC	STYLES
FAMILY	THEME
FLAVORS	TRAVELS
FOOD	TRIPLE D
GOURMET	
GUY FIERI	
HOST	
INGREDIENTS	
JOINTS	
MEAT	

```
F S E N I S I U C H E F S T
O J T G R D E K O M S D H Y
O P H N W E S I O W E E I L
D R N Q I M G P R L M S G I
I E I B A O I I P E U T S M
V P C L U N J I O E T E T A
E A L R I S R B L N I A N F
S R M O B T L P U T A K E L
Y E N G H R M E I R W L I A
T S L U O A E R V Z G M D V
I S B Y S T B A S A Z E E O
L E S F T E O B K R R A R R
A H C I L S T A F F E T G S
E S R E M O T S U C A N N L
R I C R E C I P E S O S I B
J D P I R T D A O R K Q T D
```

Solution on Page 259

ACQUISITION

AFFILIATE

BATMAN

BROADCAST

CABLE

DECEPTION

DISNEY

ESPN

FACILITIES

JIMMY KIMMEL

LOS ANGELES

LOVE BOAT

MATCH GAME

MERGER

MISS AMERICA

MOONLIGHTING

NETWORK

NEWS

PRODUCTION

SEA RESCUE

SHARK TANK

SPEECHLESS

THE MAYOR

THE MIDDLE

THE TOY BOX

THE VIEW

UGLY BETTY

WAGON TRAIN

```
S P E E C H L E S S W E N D
K R N O I T P E C E D W L I
D O O I R E U C S E R A E S
E D I Y Y T T E B Y L G U N
M U T C A B L E W J N O T E
A C I R E M A S S I M N S Y
G T S S F T E T T M E T A A
H I I E A W H H M M R R C F
C O U L C E G E T Y G A D F
T N Q E I I B T M K E I A I
A E C G L V A O D I R N O L
M T A N I E T Y W M D J R I
I W O A T H M B C M E D B A
L O L S I T A O B E V O L T
M R C O E G N X Q L N P S E
J K K L S H A R K T A N K Y
```

Solution on Page 259

BUDGET	MAKEOVER
BUYING	MODERN
CARPENTER	OLDER
CHARM	POTENTIAL
CHIP	RANCH
CHOOSE	REALITY
CLIENTS	RENOVATE
CONTRACTOR	REPAIR
COUNTRY	RESIDENCE
COUPLE	SHOW
DESIGN	SPACE
DREAM	SUBURB
FAMILY	TEXAS
FARMHOUSE	THREE
FIXER	TOWN
GAINES	UNIQUE
HGTV	VINTAGE
HOMES	WACO
HUNT	
JOANNA	
KIDS	
MAGNOLIA	

```
F F D R A N C H R G W A C O
I K S E M O H M M A E R D N
X S U B U R B A R I A P E R
E E S P A C E K T N U H N U
R Y L I M A F E Z E R P R N
V E F A R M H O U S E O E I
X G N I Y U B V I E T T D Q
Y M W O H S J E M C N E O U
T R N O V O G R A N E N M E
I A T Z A A V R G E P T C E
L H M N T B T R N D R I H R
A C N N U N G E O I A A O H
E A I D O O H D L S C L O T
R V G C R Z C L I E N T S O
D E S I G N H O A R P C E W
T E X A S C H I P S D I K N
```

Solution on Page 259

AFC

ATLANTA

BELICHICK

BRADY

CHAMPION

COMEBACK

COMMERCIALS

DRIVE

FALCONS

FIELD GOAL

FOX

GAME

GRIDIRON

HOUSTON

JOE BUCK

KICKOFF

LADY GAGA

LEAD

NEW ENGLAND

NFC

NRG

PASS

PATRIOTS

POINTS

QUARTER

RECORD

RUN

RYAN

SEASON

SHOW

TEAM

TEXAS

TIE

TOUCHDOWN

TRAILING

TROY AIKMAN

VICTORY

YARDS

```
N K K Q S C F A L C O N S M
O Y C L E G O S T N I O P A
T R O Y A I K M A N F C Y E
S O M F S O E X E S A X E T
U T M L O R G W M B D L P E
O C E K N X E D S S A P T M
H I R A X N J T L O E C K A
C V C T G A W F R E L C K G
B H I L N A J O S A I R P N
R E A B K O G D D H U F A I
A N L M E I R Y C H O Q T L
D U S B P O C I D N C W R I
Y R U D C I L K D A T U I A
W C I E R E O A O I L N O R
K S R V B A U N O F R R T T
M J G E E R Y A N G F G S V
```

Solution on Page 259

ACCEPTING	MORTON
ALI	MOTHER
AMAZON	PFEFFERMAN
AWARE	PRODUCER
CHILDREN	PROFESSOR
COMEDY	RABBI
DESIRE	RAQUEL
DISCOVERY	RETIRED
DRAMA	RITA
FAMILY	ROSE
FATHER	SARAH
FEMININITY	SHELLY
FLASHBACKS	SIBLING
FRIENDS	STREAMING
HUSBAND	SYD
JEWISH	TAMMY
JOSH	TROUBLED
LGBT	WIFE
LIVES	
MARRIED	
MAURA	
MODERN	

```
H S I W E J O S H O Z D Y S
E F I W G N I L B I S X M F
H U S B A N D N R E D O M A
C R O S E V I L L E Q R A T
M O R T O N E T I W E A T H
A A M R Y U T R P C S B Y E
M R N E Q R R R U E K B L R
A U E A D A E D O F C I I E
R A R M M Y O V R U A C M T
D M D I S R S I O E B K A I
H T L N P A E H A C H L F R
A B I G L N W F E M S T E E
R G H I D D B A F L A I O D
A L C S D E S I R E L Z D M
S Y T I N I N I M E F Y O W
A T I R O S S E F O R P A N
```

Solution on Page 260

ADVENTURES

AUTONS

BBC

BEING

BOOKS

CAPALDI

CHAMELEON

CLASS

COMPANIONS

CYBERMEN

DALEKS

DIMENSION

DISGUISE

EARTH

ENEMIES

FORCES

GALLIFREY

HARKNESS

HARTNELL

HUMANS

INCARNATION

MONSTERS

PBS

POLICE BOX

RECASTING

RELAUNCH

SARAH JANE

SPACECRAFT

THE MASTER

TIME LORD

TIME TRAVEL

TORCHWOOD

WOMAN

```
L E G U W E S I U G S I D Y
S L L N Y D S R E T S N O M
S S E E I E R K P B S H O H
A P E N V T R O O N N T W C
L A H N T A S F L O R R H N
C C D U K R R A I E B A C U
N E S V M R A T C L M E R A
O C F A E A A H E E L I O L
I R A O R N N H B M R A T E
S A B P R A T S O A I U G R
N F B A A C H U X H B T N D
E T C U R L E J R C E O I A
M N A M O W D S A E L N E L
I C O M P A N I O N S S B E
D T E D R E T S A M E H T K
G C Y B E R M E N E M I E S
```

Solution on Page 260

ACQUISITION	JACK
ALGORITHM	JOB
APP	MEN
BERTRAM	MIKE JUDGE
BILLIONAIRE	MONICA
BUSINESS	NELSON
CEO	NETWORK
CHINA	PARTNER
CODER	PIED PIPER
COMPANY	PRODUCTION
CONTRACT	RECLUSIVE
DATA	RICHARD
DEAL	RUSS
DONALD	SHY
ENTREPRENEUR	STANFORD
ERLICH	STARTUP
FUNDED	TECH
GAVIN	VENTURE
HOOLI	
INCUBATOR	
INTERNET	
INVESTOR	

```
H F N P R O D U C T I O N U
C S E I N V E S T O R U S S
I T L E T E N R E T N I H F
L A S D A N M G A V I N Y U
R N O P P T D R A H C I R N
E F N I P U T R A T S H O D
Y O T P J R E C L U S I V E
N R U E N E R P E R T N E D
A D K R C S S E N I S U B H
P I L O O H D M S C O D E R
M J O B I L L I O N A I R E
O R O T A B U C N I D A T A
C H I N A Q E N E T W O R K
K W O E C O N T R A C T A C
K D E A L G O R I T H M M A
R E N T R A P M O N I C A J
```

Solution on Page 260

AFTERIMAGE

ATLANTA

BBC ONE

BETTER THINGS

CBS EVENING NEWS

CNN

CONFRONTING ISIS

ESPN

EXODUS

FORWARD MOVEMENT

FRONTLINE

FX PRODUCTIONS

GLOBAL PRODUCE

HAPPY VALLEY

HBO

HOOLIGAN SPARROW

HORACE AND PETE

HULU

INDEPENDENT LENS

ITVS

KNTV

LEMONADE

NORMAN LEAR

PBS

POV

TRAPPED

VEEP

WGBH

WTHR

```
D R B B C O N E S P N T E S
Z A E A T B C Y N U H N W N
G E T F R H O N E U I E O O
L L T T A E N M L L N M R I
O N E E P C F U T G U E R T
B A R R P X R N N K H V A C
A M T I E D O I E W A O P U
L R H M D R N K D X P M S D
P O I A F E T A N E P D N O
R N N G V D I T E T Y R A R
O U G E E A N N P C V A G P
D H S X E N G A E W A W I X
U B H O P O I L D T L R L F
C G I D O M S T N H L O O D
E W T U V E I A I R E F O H
J P B S F L S V T I Y G H X
```

Solution on Page 260

ADVERTISING

AFFAIR

AMAZON

BABY

BAFTA

BIRTHDAY

BRITISH

CAREER

CHARACTERS

CHRIS

COMEDY

DES

DINNER

DOCTOR

DRINKING

EMMY

FATHER

FERGAL

FINANCIAL

FIRED

FRAN

HONEYMOON

IRISH

JOB

MIA

MOTHER

PARENTS

PREGNANT

RELATIONSHIP

ROB

SCHOOL

STRESS

TEACHER

TOGETHER

WEDDING

WEEKEND

WEIGHT

WILD

```
R E N N I D E W J E M M Y L
B E J S O W E D D I N G C Y
A O L C A E P R E G N A N T
B U T A K G I R I S H D G T
Y O A E T N O O M Y E N O H
R A N M K I S B R S R R S G
C D D I F S O E N E D I C I
P H N H E I H N H A T A H E
A G R R T T N C S I R F O W
R I T I E R A A R H N F O Y
E S N G S E I B N E I A L D
N I O O T V M B A C E P I E
T T B Y Z D L I W T I R I M
S R E T C A R A H C F A A O
L R E H T O M F E R G A L C
Y V D E R I F A T H E R B M
```

Solution on Page 261

BIG LOVE

BOXING

BROADCAST

CABLE

CHANNEL

CINEMAX

CLASSICS

COMEDY

CONCERTS

DEADWOOD

DOCUMENTARIES

ENLIGHTENED

FAMILY

FILMS

GIRLS

HBO NOW

LATINO

LUCK

ON DEMAND

ORIGINAL

PAY

SATELLITE

SERIES

SIGNATURE

SOPRANOS

SPORTS

TELEVISION

TIME WARNER

TREME

VEEP

WESTWORLD

ZONE

```
O X U L M W E S T W O R L D
R C L L S O N A R P O S N U
S E A K C U L Y D E M O C Q
A E N B O X I N G P I E P B
T M I R L N G L H S R V I C
E E G R A E H J I U W G L O
L R I S A W T V T X L A Y N
L T R P D T E A A O S T D C
I V O O P L N M V S M S E E
T E N R E G E E I E L A A R
E E I T I N D C M T I C D T
N P T S I X S R T U F D W S
O P A C L E N N A H C A O L
Z Z L Y D N A M E D N O O R
F A M I L Y X R X Q F R D I
S E I R E S G W O N O B H G
```

Solution on Page 261

AGENT

ANGRY

BETRAYAL

BITTER

BOSS

BROTHER

CLOWN

COSTCO

CRISIS

CRYSTAL

DALE

DREAMS

EASTER

EDDIE

FAILURE

FAMILY

FRENCH

FRIEND

HOME

HOPES

INJURY

JOB

JUGGALO

KIDS

LIVES

LOW PAY

MARRIED

MARTHA

MOTHER

NICOLE

PARIS

PENELOPE

RODEO

RUDE

SARAH

SCHOOL

STRIFE

TWIN

UNRAVEL

WIFE

```
K K R D D F Z M Z Q A U M W
M I U Y R U J N I S S M S I
E D D I E L O O H C S O I F
L N E S A J C A H H O T S E
A N W W M T O C R P B H I P
D D R O S K N B I T T E R U
V E P O L E N E P N K R C L
R I C J R C C T B I K R U I
L R A F S O W R F W E J N V
H R N R U Z O A Y T B U R E
B A G E N T I Y S S U G A S
S M R L H L L A A E T G V T
A I Y E U I E L N P H A E R
R S R R M R O D E O W L L I
A K E A H T R A M H M O T F
H F F H P X N E N I C O L E
```

Solution on Page 261

AMPLITUDE	POTENTIOMETER
ANTENNA	RASTER
ASPECT RATIO	RCA
AUDIO	RECEPTION
BRIGHTNESS	RESONANCE
BROADCAST	SPEAKER
CHROMINANCE	SYSTEM
COLOR	TECHNOLOGY
COMPONENT	TRANSMISSION
CRT	TUBE
DEVICE	TUNER
DIGITAL	WAVES
DISPLAY	
DVR	
FLAT	
HDTV	
IMAGES	
INDUCTOR	
LCD	
LED	
MODULATE	
PLASMA	

```
M T G E D T F L A T I G I D
E M P E Z T T A N T Z J P J
T Y L O D N S S T U U O Q B
S A A K E E E P E N T B R W
Y Y S X C N G E N E R O E A
S G M N N O A C N R A I S V
S O A O A P M T A D N D M E
E L M I N M I R C E S U O S
N O P T I O M A V V M A D P
T N L P M C S T C I I U U E
H H I E O T D I D C S L L A
G C T C R H F O K E S C A K
I E U E H Y A L P S I D T E
R T D R C E C N A N O S E R
B V E R R O T C U D N I M C
R D T R E T S A R O L O C A
```

Solution on Page 261

ARIANNE ZUCKER

BOYFRIEND

BRADY

BRODY HUTZLER

BROTHER

BRYAN DATTILO

DARIN BROOKS

DAUGHTER

DAYTIME

DEIDRE HALL

DOCTORS

DRAKE HOGESTYN

FAMILY

GOSSIP

HOSPITAL

JOHN

KATE

KYLE LOWDER

LAUREN KOSLOW

LOVE

PATRICK

PETER RECKELL

RELATIONSHIP

SISTER

SON

THAAO PENGHLIS

TONY

TRIALS

TRIBULATIONS

```
E M O S K O O R B N I R A D
V P R F M G B R Y D A R B L
O I E A J O R J T R I A L S
L H D M R S O O Q A S A S W
I S W I E S T H N K H I Y O
T N O L T I H N C E L S B L
T O L Y H P E I R H R I O S
A I E E G Z R D G O T S Y O
D T L R U T I N T G O T F K
N A Y C A E E C E E N E R N
A L K P D P O N O S Y R I E
Y E B R O D Y H U T Z L E R
R R K A T E M I T Y A D N U
B L A T I P S O H N K J D A
T H P E T E R R E C K E L L
T R I B U L A T I O N S F N
```

Solution on Page 262

AMAZING RACE

AMERICAN IDOL

BIG BROTHER

BIGGEST LOSER

CASH CAB

CONFESSIONALS

CONTESTS

COPS

COURT

DATING

DUCK DYNASTY

GENRE

GHOST HUNTERS

HOARDERS

INTERACTIONS

JACKASS

JUDGES

MASTERCHEF

PROJECT RUNWAY

STORAGE WARS

TALENT

THE APPRENTICE

THE VOICE

TRADING SPACES

WIPEOUT

```
F J E C I O V E H T C O P S
C O N F E S S I O N A L S E
P T G A C A F S A E M M N G
G R H A I M E R R L A S O D
E E O E T E H A D A Z E I U
N H S J N R C W E T I C T J
R T T W E I R E R S N A C L
E O H I R C E G S T G P A D
C R U P P A T A C S R S R A
A B N E P N S R O E A G E T
S G T O A I A O U T C N T I
H I E U E D M T R N E I N N
C B R T H O Y S T O W D I G
A V S L T L Y J A C K A S S
B I G G E S T L O S E R Y R
Y B D U C K D Y N A S T Y X
```

Solution on Page 262

AFFILIATES

ALF

CHEERS

CHICAGO MED

FACTS OF LIFE

FAMILY TIES

FIRST DATES

FRASIER

FRENCH OPEN

GOOD GIRLS

JAY LENO

LETTERMAN

MARLON

MATT LAUER

MEET THE PRESS

MUST SEE TV

OLDEST

PEACOCK

RCA

STANLEY CUP

SUPERSTORE

THE APPRENTICE

THE BRAVE

THIS IS US

TIMELESS

TODAY SHOW

TONIGHT SHOW

WINGS

```
F C T T S G O O D G I R L S
A H N I N A M R E T T E L T
M E D E M O G A C I H C M A
I E Y C P E C N G R I U A N
L R E I N O L R A M S R T L
Y S R T W W H E C T I E T E
T E O N T O T C S A S I L Y
I T T E F H H E N S U S A C
E A S R U S E S K E S A U U
S I R P M T B P Y G R R E P
G L E P V H R H R A F F R E
N I P A Q G A T S E D L O A
I F U E A I V N K V S O A C
W F S H O N E L Y A J S T O
F A C T S O F L I F E Z T C
P F I R S T D A T E S Q M K
```

Solution on Page 262

ANGER	MASSAPEQUA
BILLY JOEL	MOTT
BROTHER	NEW BEAT
CASES	NEW YORK
CBS	NURSE
CHURCH	ODD JOBS
COLLEGE	OFFICER
DAUGHTER	PARTNER
DETECTIVE	PASTOR
DONNA	POLICE
DUFFY	SARA
ENGAGED	SCHOOL
FATHER	SITCOM
FRIENDS	STUDENT
GABLE	VANESSA
GOODY	WEDDING
HOME	WIFE
ISSUES	WORK
JACK	
KENDRA	
KIDS	
KYLE	

```
G J F D U F F Y P Y O W Q Y
A F R E C I F F O A N N O D
B K I G B A S E U S S I L O
L E E A N I S B C K B T O O
E N N G T I L E Y K O G O G
A D D N E A D L S C J V H R
C R S E K L E D Y A D A C S
H A A I A V L B E J D U S I
U S D S N K R O W W O Q W T
R S D R E V I T C E T E D C
C E E E W F E S R U N P L O
H N N H Y R E T H G U A D M
D A M T O T N E D U T S W T
U V T A R E H T O R B S I O
O O E F K A N G E R G A F K
M E C I L O P G F H O M E G
```

Solution on Page 262

ACTOR

AUTHOR

AWARDS

BOOK

CAMPAIGN

CATHOLIC

CBS

COMEDIAN

COMEDY CENTRAL

CONGRESS

CORRESPONDENT

DAILY SHOW

DEADPAN

ELECTION

ENTERTAINER

EVELYN

FOOL

GUESTS

HOST

IMPROV

LATE SHOW

MUSICAL

NEWS

NORTHWESTERN

NYC

OPINION

PARODY

POLITICAL

PRESIDENT

PUNDIT

REPORTS

SARCASM

SATIRICAL

SEGMENTS

TALK SHOW

```
M U S N A P D A E D N E W S
L C J A O O P I N I O N T T
N A A L R I O P A W A R D S
R R R T I C T R I F O O L E
E E S T H M A C D P Z F K U
T N E D N O P S E R R O C G
S I G A M E L R M L O L S C
E A M I U A C I O B E A B A
W T E L S C Y Y C V T T C M
H R N Y I T N E D I S E R P
T E T S C O N G R E S S K A
R T S H A R X I K V M H W I
O N O O L A C I T I L O P G
N E H W T A L K S H O W C N
V E V E L Y N Y D O R A P T
S P U N D I T A U T H O R K
```

Solution on Page 263

ACTRESS	LADIES
AFFAIR	MALLORY
AMBER	MARK
ARTHIE	MELROSE
AUDITIONS	MOTEL
BASH	NETFLIX
BOXING	OVERACT
BRITANNICA	RING
CAMEOS	ROSENBLATT
CARMEN	RUTH
COMEDY	SAM
CRYSTAL	SCAB
DEBBIE	SHE WOLF
DRAMA	STRUGGLING
DUSTY SPUR	TRAINER
FEMALE	TRYOUTS
FLEDGLING	VICKY
FLORIAN	WRESTLING
GORGEOUS	
GYM	
JUNKCHAIN	
KEITH	

```
R U T H F E M A L E T D C D
M A L L O R Y E A S J R A E
Y C M A R K T F L T W A R B
G T B T F O F B F R R M M B
Y R H S M A A L E U O A E I
D E B Y I C O S P G S S N E
E S O R S R T S N G E S E I
M S X C I L Y I N L N N T H
O H I A I T L I T I B O F T
C E N N S G A C R N L I L R
A W G U D H A N E G A T I A
M O D E C R R I N G T I X M
E L L K E I T H I I T D F B
O F N V S E I D A L C U G E
S U O E G R O G R H S A B R
J Y K C I V P S T U O Y R T
```

Solution on Page 263

ACCLAIM	MIKEY
ACTOR	MOTHER
APARTMENT	MOVING
AWARDS	NETFLIX
CHRISTMAS	NYC
CULT	REDSKINS
DATING	RESTART
DEPORTED	REVEREND
DIVORCE	ROOMMATE
DONG	RUSS
DRIVER	SITCOM
EMMY	STORE
FRIENDS	STREAMING
INDIANA	THERAPIST
JOB	TINA FEY
KIDNAPPED	TITUS
KIMMY	UBER
LANDLADY	VICTIM
LAWYER	
LIFE	
LILLIAN	
LOCKED UP	

```
T N R H N E T F L I X A U S
S A E F I L N R N V R C A I
D I V O R C E A I E D C R T
N L I M C D M C V E T L U C
E L R I S H T E P O A A S O
I I D K D I R P R N I I S M
R L I E M E A I D I G M O K
F N L Y N N P L S N N V T I
S X O D D Y A O O T I A R M
D R C I M D C D R N M N A M
A E K M Y J O B G T A A T Y
T H E R A P I S T S E I S T
I T D E T A M M O O R D E I
N O U B Y E F A N I T N R T
G M P U V A W A R D S I Z U
R E Y W A L I M E R O T S S
```

Solution on Page 263

ABC	NET
ANALYSIS	OFFENSE
BASKET	PASS
BILLIONS	POPULAR
BROADCAST	POSITION
BULLS	PROFESSIONAL
CBS	RATINGS
COLLEGE	REBOUND
CONTRACT	RIGHTS
COVERAGE	SCORE
DEAL	SUNS
DEFENSE	TELEVISION
DRAFT	TIME
ESPN	TRADITION
EXPENSIVE	VIEWERS
FINALS	
FORWARD	
GAME	
HALF	
LEAGUE	
LEBRON	
NBA	

```
S L L U B E B S C O R E V O
L A E D Z M K U S S B C I F
A A S T W I Z N N O R B E L
N S N O I T I S O P W A W A
I E G O T C A R T N O C E H
F X A N I T S F O R W A R D
E P O E I S R I G H T S S N
R E S G F T S A C D A O R B
F N I A C I A E D O B F D A
D S S R V O M R F I P A S S
R I Y E W A L F L O T G B K
A V L V G P E L P A R I F E
F E A O N N I U E D Q P O T
T S N C S O L E U G A E L N
R P A E N A T D E F E N S E
Y N X S R E B O U N D R J T
```

Solution on Page 263

ATTORNEY	NETFLIX
BOAT	PARENTS
BROTHER	PAST
BUS	PIER
DANNY	POLICE
DARK	ROBERT
DEA	SALLY
DRAMA	SARAH
DYSFUNCTIONAL	SEAHORSE
ERIC	SECRETS
FATE	SMUGGLE
FRONT	STROKE
HOUSE	TEENAGE
INN	THRILLER
JOB	ZELMAN
KESSLER	
KYLE CHANDLER	
LAW	
LOWRY	
MEG	
MOTHER	
NARRATION	

```
R E L L I R H T P L B T G E
E K J U Y U C D K A U C H C
L A N O I T C N U F S Y D I
D A M A R D S E C R E T S R
N A R R A T I O N N W T D E
A I N N Q W P A R E N T S P
H V N S S A M O L O E U O I
C Y S A H L T G R E O L R E
E O L E E T G F N H I E O R
L L I Z A U A A O C H W K F
Y K K T M H G N E T F L I X
K A R S R E O M O T H E R D
L I E A G E M R E L S S E K
I B E R D L B J S T R O K E
E D T A O B B O J E T A F Z
S N V H S L O W R Y W B Q S
```

Solution on Page 264

ACTRESS

ALFRED

AWKWARD

BABY

BERNADETTE

BEVERLY

CALTECH

COLLEAGUES

COUPLE

DATE

ELEVATOR

GEOLOGIST

GIRLFRIENDS

HOFSTADTER

HYPOCHONDRIAC

INDIAN

JAIL

JOHNNY GALECKI

KALEY CUOCO

KUNAL NAYYAR

LAB

LEONARD

MARRIED

MATH

MAYIM BIALIK

MOVIES

OMAHA

PENNY

PROJECT

RAJ

SIMON HELBERG

SMART

VIDEO GAMES

```
J H O F S T A D T E R A J F
M O V I E S H C E T L A C P
T R A M S H G M A T H W S E
J O H N N Y G A L E C K I N
M V G E L P U O C D R W M N
A V I W A O R O M A H A O Y
Y C R D D C I O Y N R R N L
I O L L E H T Y J R W D H R
M L F E R O A R I E T R E E
B L R O F N G E E B C O L V
I E I N L D D A A S E T B E
A A E A A R S B M T S A E B
L G N R J I Y X A E D V R A
I U D D N A I D N I S E G L
K E S K O C O U C Y E L A K
T S I G O L O E G P L E I M
```

Solution on Page 264

WCCB	WMVS
WCET	WMYA
WCIA	WOFL
WCLF	WOGX
WCML	WOIO
WCPB	WUAB
WCSH	WUFT
WCTE	WWLP
WCVI	WWPB
WCWF	WWSB
WEAO	WWTI
WEDH	WYBE
WGNM	WYCC
WGPT	WYDC
WGSA	WYFF
WGTQ	WYIN
WGVK	WYOU
WGXA	WYTV
WIS	
WKCF	
WKEF	
WKHA	

```
W C Y W B Q W N H Y S R K V
A M O K S G Y F L B C V B X
Z D H W W T I H D C A Y M W
F A Q V W O N J Y E L U T W
T S R Q T P G W G N M E W E
J G F G F R U X F L C W A D
T D Z V X M Q T G W W I P H
L L Y Z B G O A C C C W S K
D Q G E O P L W W W L C I O
O E L W B I W K G F W V B M
L S S H Y Y O W O X E I P K
P X I L D O W W G S A P C V
A U W C M P U Y K V O W W O
I V P Y B F J F P H K O C E
W A H V T C A F T C A M T H
V X U M B V Y W F E K W E K
```

Solution on Page 264

ABC	JOB
ACCLAIM	KIDS
ATHLETIC	LIFE
AXL	MANAGER
BOB	MIKE
BRICK	MOTHER
BROTHER	NARRATED
CHILDREN	ORSON
COMEDY	QUARRY
DENTAL	SALES
EHLERT	SCHOOL
EMPLOYEE	SITCOM
FAMILY	SOCIAL
FIRED	SUE
FOOTBALL	TEEN
FRANKIE	WIFE
FRIENDS	WORK
GRADUATE	YOUNGER
HECK	
HOME	
HUSBAND	
INDIANA	

```
E Z D E U H U S B A N D U Y
W O R K H G D J O S A L E S
A N A I D N I R C K C E H Q
L W N M E E S I C L Y M R U
W L A I U O T I H O M E E A
S W R S N E R D L I H C H R
I F R C L B C P G N E E T R
T G A H R L M R E G N U O Y
C R T O N E A C C L A I M D
O A E O P D H B O B B F A E
M X D L U K E T T G C Z N M
S L L A H J D N O O J G A O
Z D T L I E V E T R O C G C
Y E I K N A R F R A B F E B
T F K K W B F A M I L Y R M
E B L A I C O S W I F E V L
```

Solution on Page 264

BIG LOVE

BOSS

BREAKING BAD

DAMAGES

DEXTER

DOWNTON ABBEY

EMPIRE

GAME OF THRONES

GOOD WIFE

HEROES

HOUSE

IN TREATMENT

JEFFREY TAMBOR

LOST

LOUIE ANDERSON

MAD MEN

MAGGIE SMITH

MASLANY

MASTERS OF SEX

RAMI MALEK

REGINA KING

ROME

STRANGER THINGS

THE NEWSROOM

THIS IS US

VEEP

WEST WING

```
N U D A B G N I K A E R B R
G O M O O R S W E N E H T A
B A S B W T H I S I S U S M
H J M R D N B E T S O L Y I
T M E E E A T Y R H W B N M
N A A F O D M O A O P O A A
E G G D F F N A N V E S L L
M G O N M R T A G A T S S E
T I O B I E E H E E B I A K
A E D I N K N Y R I S B M E
E S W G P Y A S T O U U E D
R M I L W E O N H A N O O Y
T I F O S F E R I P M E L H
N T E V S D N V N G X B S V
I H D E X T E R G B E M O R
O G X G N I W T S E W R H R
```

Solution on Page 265

ACTOR	INDIAN
ALAN YANG	LESBIAN
ARNOLD	NASHVILLE
AUDITION	NETFLIX
AWARDS	NYC
AZIZ ANSARI	PARTY
BENJAMIN	PASTA
BRIAN	PROFESSIONAL
COMEDY	RACHEL
COMMERCIAL	RELATIONSHIP
CULINARY	ROMANTIC
CULTURAL	STREAMING
DATE	WEDDING
DENISE	WORK
DEV SHAH	
DRAMA	
EATING	
EXPERIENCES	
FRANCESCA	
FRIENDSHIP	
GAY	
IMMIGRANTS	

```
X J I C U L T U R A L C Y N
I D R E L A T I O N S H I P
L L A X C N A S H V I L L E
F O S P U O Y S D C D Y W S
T N N E L I R W O R K A S I
E R A R I S O M A N A G T N
N A Z I N S M M Q O A W N E
A L I E A E A S F I H I A D
I A Z N R F N T R T A L R Q
B N A C Y O T R A I H E G B
S Y I E F R I E N D S H I P
E A T S A P C A C U V C M A
L N A I D N I M E A E A M R
P G N I T A E I S A D R I T
B E N J A M I N C O M E D Y
U W E D D I N G A C T O R G
```

Solution on Page 265

APARTMENT	KNIVES
AUDITIONS	LEADER
BENEFIT	LOSER
BEST	MEAL
BRAVO	PANEL
BUDGET	PREPARE
CHEFS	PRIZE
COMPETING	QUICKFIRE
COOK	RACE
COURSES	REALITY
CULINARY	REWARDS
DINERS	SHOPPING
DISH	SPINOFFS
EXECUTE	TABLE
FOOD	TASKS
GROCERY	THEMES
HANDS UP	VOTE
HOST	WINE
HOUSE	
IMMUNITY	
INSPIRING	
JUDGED	

```
B L E S Q B P A N E L B A T
U E T X F R E W A R D S K Y
D A O A E F E S I W K A T F
G D V P P C O J T S U I X O
E E A K A A U N A D L W I O
T R R R O D R T I A R M L D
E I B O G N I T E P M O C L
Z Q F E D Q I R M U S N H B
I T D E I O U D N E E A D Z
R A C I N S P I R I N G Y U
P Y O S E E T S C D I T R M
H S U D R Y B H S K W B E G
O F R Z S E S U O H F A C V
S E S H O P P I N G L I O H
T H E M E S C U L I N A R Y
J C S E V I N K O O C F G E
```

Solution on Page 265

ARTHUR

BARNEY

BILL MOYERS

CAILLOU

CHARLIE ROSE

CLIFFORD

CORPORATION

DOCUMENTARY

DRAGON TALES

ENTERTAINMENT

FAMILY

FRONTLINE

GOVERNMENT

GRANTS

HISTORY

MASTERPIECE

MISTER ROGERS

NATIONAL

NATURE

NOVA

RADIO

SESAME STREET

SHOWS

STATIONS

TAVIS SMILEY

TELETHON

TELEVISION

WGBH

```
Y S T A T I O N S Y C L T T
R Q Y E N R A B Q K L I N A
A N S R E Y O M L L I B E V
T V N V M R W G B H F F M I
N M O O N A T U R E F A N S
E A I N I F W S A M O M R S
M S N S A T R S E Z R I E M
U T O A T T A O T M D L V I
C E I R R E I R N N A Y O L
O R S T E L R O O T A S G E
D P I H T I H R N P L R E Y
S I V U N T L O O A R I G S
H E E R E Q G R I G L O N V
O C L L H A P C A D E O C E
W E E Y R O T S I H A R Z O
S T T D U O L L I A C R S S
```

Solution on Page 265

ACTION	GUARD
ADOPT	JUDGE
ADVENTURE	KARA
ALEX	KRYPTON
ALIENS	LENA
ALLIES	LUTHOR
AUNT	MAGGIE
BENOIST	MARTIAN
BOSS	PLANET
CATCO	POLICE
CBS	POWERS
COSTUME	PRINCE
COUSIN	SECRETS
CRIMINALS	SISTER
DATING	TECH
DAXAM	THE CW
DC COMICS	TRUTH
DEO	WINN
ENEMY	
FAMILY	
FEUDS	
FRIENDS	

```
C G M D T R U T H C E T D M
A R A K E U P S S O B A J W
P G S Z R O O M T I N U U E
O I A D D Y A C R E S N D C
W N S A N G P P T F N T G N
E L N T G E Y T A A C A E I
R T E I S C I M O C C D L R
S S E N W S I R E N L V N P
E D N G A L N X F N D E I O
I M U E Y A L E X A E N S L
L D U E I B E N O I S T U I
L A D T F L U T H O R U O C
A X R H S L A N I M I R C E
E A A E B O S T E R C E S M
M M U C C A C T I O N R N L
U R G W V H T S L W N G M Q
```

Solution on Page 266

ADVENTURE	JOB
BAR	MAGAZINE
BOSS	MASON
BROOKE	NERD
CBS	ONLINE
CHICAGO	PAUL
CITY	PUBLISH
CLARK	RACHEL
DATE	REPORTER
DAUGHTER	ROLAND
EDDIE	SITCOM
EMMA	STORIES
ESTHER	SURVIVING
EXPERT	TEAM
EXPLORING	TECH
FIELD	TRAVEL
FOUNDER	WEB
FRIEND	WRITE
GEN X	
HIPSTER	
INDOORS	
JACK	

```
D N A L O R E T S P I H Y N
M B U A M M E U J E U Q F H
R A B G N I R O L P X E R Z
P G E S C V U S W R I T E T
B F S T I J T S T D J N P R
S O S V T D N T D O I B O E
B U I G Y E E E B Z R Q R P
C N T U K C V J A C K I T X
G D C O H D D G U Y N Z E E
F E O H O T A I N D O O R S
D R M R S M R U V R S Y A T
B L I C H I C A G O A N C H
A F E E N X L L V H M G H E
O N L I N E Q B A E T B E R
D A T E F D R A U R L E L W
B R G Y F W L D C P K W R H
```

Solution on Page 266

ABC	NTSC
ANALOG	PROGRAM
ANTENNA	RAYS
BAIRD	RCA
BONANZA	SEINFELD
BRAUN	SOUND
BROADCAST	STATION
CAMERA	TRANSMIT
CBS	TUBE
CHANNELS	VHF
COLOR	VIDEO
CRT	
DISPLAY	
FARNSWORTH	
FCC	
GUNSMOKE	
HDTV	
I LOVE LUCY	
LIVE	
MONOCHROME	
NBC	
NETWORK	

```
D I K S E K O M S N U G V M
P W Y D D N U O S E R I K I
A A L I V E F N T S C B A K
R N V S H P R O G R A M O W
E N A P T S A C D A O R B F
M E S L V T D H P A T Y O G
A Z L A O H D R C T C B N Q
C D E Y N G F O D U H Y A Q
V T N G E N L M L B Q T N F
Z F N P L O E E E E R N Z P
A B A I R D V T F A E A A E
Z S H T R O W S N R A F U P
F C C F L E O S I A C R I N
U B X I O D M N E T W O R K
S S T A T I O N S A F Z M W
H D C R T V T P C J D Q F T
```

Solution on Page 266

ABC	INDIANA
ACCUSER	JEANETTE
ANNE	LEGAL
ANTHOLOGY	LESLIE
ASSAULT	MEXICO
BARB	NICHOLAS
BASKETBALL	NORTH CAROLINA
CALIFORNIA	ONLINE
CAPTAINS	POSTING
CLAIR	PRINCIPAL
COACH	RUSS
CRIME	SCHOOL
DAN	TEAM
DEPUTY	TOM
DETECTIVE	TRIAL
DRAMA	VETERAN
DRUGS	VICTIM
EMMY	WITNESS
FARM	
GIRLFRIEND	
HOME INVASION	
INCIDENT	

```
C O A C H A N T H O L O G Y
P S S U R T O M J C E I E T
O A S E M I R C E A S D M U
S B A S K E T B A L L N M P
T C U S N V H C N I I E Y E
I A L E A I C A E F E I T D
N N T N M T A P T O A R N I
G A C T A C R T T R C F I P
M I Y I R E O A E N C L C R
E D I W D T L I M I U R H I
X N H O M E I N V A S I O N
I I C B N D N S D G E G L C
C L A I R T A T U A R T A I
O R L V E T E R A N N E S P
B N M R A F D V I C T I M A
O L A G E L W Q S C H O O L
```

Solution on Page 266

AGUILERA

ALLEN

ANISTON

BANKS

BARKER

BLEDEL

CAREY

CLARKE

COX

CRYER

CYRUS

DINKLAGE

GALECKI

GRAHAM

GRAMMER

HEADEY

HELBERG

HUNT

KUDROW

KUTCHER

LAUER

LEBLANC

LEVINE

LOPEZ

MINAJ

NAYYAR

PARSONS

PERRY

REEDUS

REISER

RICHARDS

ROMANO

SEACREST

SEINFELD

SHAKIRA

SHEEN

SPEARS

STEFANI

VIEIRA

WALTERS

```
S R A E P S C N A L B E L Y
R E E D U S N O S R A P J R
O I S L W A L T E R S A Z R
M S T E T T L S B A N K S E
A E E F A E O I O I A U H P
N R F N V C G N M D R D A T
O W A I S D R A H C I R K N
Z U N E R R A E O A E O I U
E E I S E Q H X S L I W R H
P C C K H S A F I T V Y A N
O L R Y C M M U F N E L L A
L A N E T E G A L K N I D Y
B R E D U A L E D E L B E Y
H K E A K G R A M M E R Q A
T E H E L B E R G L A U E R
P G S H W S U R Y C R Y E R
```

Solution on Page 267

ABC	NERDY
ADOPT	NUCLEAR
ADULT	PATRIARCH
ALEX	PHIL
AWARDS	PRITCHETT
CAMERON	REALTOR
CHILDREN	REMARRIED
CLAIRE	RENEWED
COLOMBIAN	SITCOM
COOL	SITUATIONS
EMMY	SON
FAMILIES	SPOUSES
GIRL	STEPFAMILY
GOLDEN GLOBE	SUCCESS
HUSBAND	TALKING
JAY	TEENAGE
LAWYER	VIETNAMESE
LILY	WIFE
LOS ANGELES	
LUKE	
MANNY	
MITCHELL	

```
Y N N A M W I F E K U L G C
D D E W E N E R D Y A J N E
G N I K L A T R E A L T O R
B A S T E P F A M I L Y R I
L B G O L D E N G L O B E A
I S I T U A T I O N S Q M L
H U I H C R A I R T A P A C
P H N C H I L D R E N L C B
S R A E L C U N O S G S E A
S V I E T N A M E S E E G X
E Y B T H R E Y W A L I A A
C A M O C T I S G O E L N W
C D O M Z H Y L I L S I E A
U O L W E D E I R R A M E R
S P O U S E S T L U D A T D
M T C L L E H C T I M F A S
```

Solution on Page 267

ACTOR

AGENT

ANTHOLOGY

BABY JANE

BATTLES

BETTE

COSTARS

CRAWFORD

DAUGHTER

DAVIS

DIRECTORS

DOCUMENTARY

EVENTS

GARY MERRILL

GREGORY PECK

HARRIET

HEDDA HOPPER

JOAN

KATHY BATES

LANGE

LEE REMICK

MAMACITA

MARTY

OSCAR

PARAMOUR

PATTY DUKE

PRODUCER

RIP TORN

RYAN MURPHY

SARANDON

VICTOR BUONO

WARNER

WIFE

```
T N E G A K C I M E R E E L
J K C E P Y R O G E R G N S
S R U O M A R A P U A N A E
R E C U D O R P S R J A J L
A N T H O L O G Y R C L Y T
T R P O Y H S M S Y R Y B T
S A E T A T E R E A A R A A
O W R D N R O H T N W A B B
C A D E R T M A A M F T N E
M E V I C T O R B U O N O T
H E L E F I W R Y R R E D T
I L R O T C A I H P D M N E
O I O S C A R E T H G U A D
D M A M A C I T A Y V C R V
D P A T T Y D U K E J O A N
R I P T O R N S I V A D S V
```

Solution on Page 267

A TO Z

BARNEY MILLER

CHARACTERS

COMEDY

COMMUNITY

DISJOINTED

DOG WITH A BLOG

EPISODE

FULLER HOUSE

FUTURAMA

GENRE

GLEE

HENRY DANGER

LAB RATS

LOUIE

MOM

NEW GIRL

NEWHART

NEWSRADIO

RED DWARF

SERIES

THAT GIRL

THE GOLDBERGS

THE MUNSTERS

THE ODD COUPLE

THE OFFICE

THE THUNDERMANS

VEEP

WORKAHOLICS

```
G V E E P N E W S R A D I O
K L M U S R E T C A R A H C
R N E W H A R T I S X D Z O
E R N E G Z I H L T F I T M
L O U I E W O E O A U S H E
L R I G T A H T H R L J E D
I D O G W I T H A B L O G Y
M S E R I E S U K A E I O E
Y L R I G W E N R L R N L C
E L P U O C D D O E H T D I
N E D O S I P E W M O E B F
R R E D D W A R F O U D E F
A F U T U R A M A M S Y R O
B H E N R Y D A N G E R G E
Y W C O M M U N I T Y K S H
A H M S R E T S N U M E H T
```

Solution on Page 267

ACTION	MURDER
AMBULANCE	NBC
ARSON	OTIS
BATTALION	PETER
CANDIDATE	PROTECT
CFD	RESCUE
CHAUFFEUR	RISK
CHIEF	SAVE
CITY	SEVERIDE
CLINIC	SHAY
DANGER	SQUAD
DEATH	STRESSFUL
DOCTOR	SYLVIE
DRAMA	TRAP
FIREHOUSE	TRUCK
FRIENDS	UNION
GABBY	WORKING
HALLIE	
JOB	
LOYALTY	
MATTHEW	
MOUCH	

```
T G V R M L U T D Q S E K G
R O C E V A S D N E I R F C
A L U F S S E R T S H A Y H
P Y N O I T C A J S Q U A D
E P D F A B D E A T H L Y D
T R R G N I K R O W L T O E
E O A O D K C I N I L C A S
R T M N B Y C E E A T M N U
O E A H O T D U Y O B U O O
E C G T J I M O R U D R I H
I T I N R C L O L T D D N E
V S G E A C H A U F F E U R
L M V R H D N A T C C R A I
Y E S I Q C M A T T H E W F
S O E S E U C S E R A C Y Y
N F O K Q X U T G A B B Y U
```

Solution on Page 268

ADMINISTRATIVE

ARTIST

ASSISTANT

ASSOCIATE

BOOM

CAMERA

CASTING

CHYRON

CONTROL ROOM

COORDINATOR

COSTUME

DESIGNER

DIRECTOR

DOLLY

EDITOR

EXECUTIVE

FINANCIAL

GAFFER

GALLERY

GRIP

LEGAL

LIGHTING

LOCATION

MANAGER

OPERATOR

PRODUCER

PUBLICIST

SET

SOUND

STUNTS

TECHNICAL

TECHNOLOGICAL

```
S O L A C I N H C E T E S D
O P O G G K E A O T S D A R
U E C A E K M S N S T E X E
N R A F L L U S T I U S V C
D A T F A A T O R T N I L U
N T I E C I S C O R T G Y D
O O O R I C O I L A S N R O
R R N L G N C A R S I E E R
Y O Y I O A A T O S C R L P
H T L G L N S E O I I O L M
C C L H O I T G M S L T A A
A E O T N F I R O T B I G N
M R D I H M N I O A U D E A
E I M N C N G P B N P E L G
R D R G E X E C U T I V E E
A Q R O T A N I D R O O C R
```

Solution on Page 268

AGENT

AMERICA

ATTACK

BERLIN

BIPOLAR

BRODY

CARRIE

CHRIS

CIA

DANA

DAVID

DEFECTION

GANSA

GORDON

HAQQANI

HRACH TITIZIAN

IBRAHIM

JESSICA

LEWIS

MARINE

MATHISON

OFFICER

PRISONER

PROBATION

RUPERT FRIEND

SAUL

SECURITY

SERGEANT

SHOWTIME

SNIPER

SURVEILLANCE

VIRGIL

WAR

Solution on Page 268

ACTION

BANDWIDTH

BIOGRAPHIES

BLOCKBUSTERS

COMPUTER

CONTENT

CONVENIENT

DISCS

DOWNLOAD

DVD

EDUCATIONAL

ENTERTAINMENT

FEE

FILM

FITNESS

FOREIGN

HASTINGS

INSTANT

INTERNATIONAL

MAIL

MEDIA

MEMBERSHIP

ONLINE

ORIGINALS

PRODUCTION

QUEUE

RANDOLPH

RENTAL

SELECT

SHOWS

STREAMING

TELEVISION

VIDEO

```
N E P O T N E I N E V N O C
B G S R R V D O W N L O A D
T L I T O I N O I T C A M I
T C O E R D G F E E D I E S
I C O C R E U I I R V D M C
L S E M K O A C N T D E B S
N A E L P B F M T A N M E D
H O N I E U U I I I L E R I
C P I O H S T S L N O S S N
O O L S I P G E T M G N H S
L A N O I T A N R E T N I T
J S O T D V A R I N R I P A
Q U E U E N E C G T M S O N
S W O H S N A L U O S A T T
R E N T A L T R E D I A I Y
B A N D W I D T H T E B H L
```

Solution on Page 268

AMC	JOB
ASSISTANT	KETTLEMAN
ATTORNEY	KIM
BETSY	LAW
CABLE	LEGAL
CARTEL	METH
CHUCK	MIKE
CLIENT	NACHO
COP	PARTNER
CRAIG	RICK
CRIME	SECURITY
DETECTIVE	STACEY
DOCTOR	STUDENT
DRUGS	UNDERWORLD
EMBEZZLEMENT	VINCE GILLIGAN
EXECUTIVE	
FAST FOOD	
FRIEND	
GRANDDAUGHTER	
HENCHMAN	
HOWARD	
JIMMY	

```
Y Y E C A T S N A C H O G C
M F U Y S T E B H C R I M E
M R Y N U U J H F W X A D V
I I R D D O O F T S A F L I
J E E M B E Z Z L E M E N T
U N T A G V R Q N I M A A U
T D H Y D I L W K A T K M C
O E G T O T A E O T O C E E
H K U I C C W R O R B I L X
E C A R T E L R C F L R T E
N U D U O T N E I L C D T L
C H D C R E N T R A P N E B
H C N E Y D R U G S B T K A
M C A S S I S T A N T X I C
A D R A W O H L E G A L M O
N A G I L L I G E C N I V P
```

Solution on Page 269

ADULT SWIM

ADVERTISING

ANALOG

ANIMAL PLANET

BANDWIDTH

BASIC

BILLING

BOOMERANG

BRAVO

BROADBAND

CARTOONS

COMEDY CENTRAL

DIGITAL

DOCUMENTARY

ENTERTAINMENT

GUIDE

INFOMERCIALS

LOCAL

NETWORK

NICKELODEON

PROGRAMMING

SCIENCE

SERIES

SHOWTIME

SOAPNET

TBS

TEENNICK

THE CW

```
G G X B R O A D B A N D B M
N N G N I M M A R G O R P F
A I I N F O M E R C I A L S
R L L S V C C L U W O A E M
E L A A I N A M G B R N R I
M I R S E T E K A T T D C W
O B A I I N R N N E H S A S
O B C G T O D E R X E H R T
B S I A W W C T V A C O T L
G D R T I Y A P N D W W O U
U Y E D D I I A Q W A T O D
I N T E N A L P L A M I N A
D H M M L O C A L V Q M S D
E O E F G K C I N N E E T U
C N I C K E L O D E O N W N
T E N P A O S E R I E S B T
```

Solution on Page 269

BEAT	JAMIE
CASES	JOE
CBS	LEGAL
COP	LINDA
DAUGHTER	MARIA
DEPUTY	MURDERED
DETECTIVE	NICKY
DINNER	NYC
DIVORCED	OFFICE
DRAMA	PARTNERS
DUTY	POLICE
EDDIE	REAGAN
ERIN	SEAN
ER NURSE	SID
FAMILY	SON
FATHER	SUNDAY
FBI	TABLE
FRANK	WORK
GARRETT	
HENRY	
ISSUES	
JACK	

```
G I D U T Y U I H A W W M B
T T B I O A F V B K F H A K
V H J A S F B Q Y F I S R E
E J A M I E F L W A M O I W
K L C A Z H I I E T W D A M
H E N R Y M P O C H D K T U
B G J D A U G H T E R T Y R
C A D F J P J A T R E T I D
C L I R P A A E S R U N R E
Y H V A O R C R R P I L E R
N H O N L T K A E S Y I N E
I I R K I N G D S A B N N D
R Y C V C E V U D E G D I Y
E B E K E R E N A T S A D B
S O D C Y S U T M S E A N J
F U J N O S V P K B L N S C
```

Solution on Page 269

AIRPLANE

AREAS

BOAT

BUDGET

CBS

CHALLENGES

CLUES

COMPETITION

CREDIT CARD

DETOURS

ELIMINATED

ENVELOPES

FAST FORWARD

FOREIGN

HAZARD

HOST

INFO

INTERSECTIONS

LEGS

LOCALS

NAVIGATE

PENALIZED

PHYSICAL

PIT STOP

PRIZE

PURCHASE

RACE

REALITY

RECOVER

ROADBLOCKS

SPEED BUMP

SWITCHBACK

TACTICS

TEAMS

WORLD

YIELDS

```
P R I Z E N V E L O P E S D
R A C E W F O R E I G N K L
E N O I T I T E P M O C C R
C A D R A Z A H N I S N O O
O H R R H O S T T R A S L W
V D A E A L D C U V S W B T
E E W L A C E O I B E I D A
R Z R C L S T G C U N T A C
P I O T R E A I S D A C O T
H L F E D T N P D G L H R I
Y A T A E F I G G E P B E C
S N S M O T M R E T R A A S
I E A S S F I G Y S I C L T
C P F T S D L E I Y A K I A
A O O S P E E D B U M P T O
L P U R C H A S E U L C Y B
```

Solution on Page 269

ABC	NBC
ACTION	PICTURES
ANALYSIS	PRODUCER
ANCHORS	PUBLISHED
AUDIENCE	READER
BREAKING	REPORTS
BULLETIN	SCRIPTS
CAMERA	SEEN
CHARTS	SEGMENT
CNN	SHOCK
CUTS	SOUNDS
EVENTS	SPORTS
FLASHES	UPDATES
FOOTAGE	VIDEO
FOX NEWS	VIEWERS
GRAPHICS	VISUAL
IMAGE	WEATHER
ISSUES	WORLD
LIVE	
MAJOR	
MAPS	
MEDIA	

```
D T E V E N T S S I M A G E
S E G M E N T R C H A R T S
E R W I S S U E S V A E M O
H G O E D I V W S P V H A U
S S R H N I E E H J B T J N
A W L E C N E I D U A A O D
L P D B X N C V L N B E R S
F I N O A S A L A B C W E J
R C F O T I E L R B S N P D
E T T U D T Y E G A T O O F
C U C E I S A T F R P I R V
U R M N I K L I V E I T T I
D E H S I L B U P D R C S S
O S Y N H A R E M A C A P U
R I G F U P D A T E S V A A
P B K C O H S P O R T S M L
```

Solution on Page 270

BEMIDJI	MONEY
BUTCHER	MURDERS
CHIEF	NIKKI
COMMUNITY	OFFICER
CRIME	PAROLEE
DANSON	PEGGY
DEATHS	POLICE
DEPUTY	PROBATION
DINER	RAY
DULUTH	RYE
EMMY	SALESMAN
FAMILY	SHADY
FICTION	STAMP
GERHARDT	STEAL
HANK	THORNTON
HAWLEY	TROOPER
HOMICIDE	VIOLENCE
HUSBAND	YURI
LOU	
LUVERNE	
MATRIARCH	
MOLLY	

```
S T E A L M G S R S T A M P
H O Z O L N R E P O O R T E
C H U T F O N V F E T D U G
R O C D F I A F I I R U Y G
I M H R D T I J H A W L E Y
M I I A A C D N A B S U H L
E C E H E I K K I N S T M L
N I F R M F R K Y D A H S O
R D A E G N O T N R O H T M
E E B G N O I T A B O R P G
V E H M O N E Y M M E Y V Y
U C X C U D A N S O N E B T
L I P M T E C N E L O I V U
M L M K I U E E L O R A P P
X O K N A H B F A M I L Y E
C P M U R D E R S H T A E D
```

Solution on Page 270

ABBOTT	LILY
ARROGANT	MARIAH
ASHLEY	NEWMANS
BELL	NICHOLAS
BILLY	PHYLLIS
BROOKS	POOR
CASINO	RATINGS
CASSIE	RELATIONSHIPS
CBS	SAGA
COMPETITION	SHARON
DAYTIME	SOAP
DRAMA	TOWN
ESTHER	WEALTHY
FAMILY	WINTERS
FEUD	WISCONSIN
FOSTER	YOUTH
GENOA CITY	
GRACE	
JACK	
JILL	
KATHERINE	
KYLE	

```
R E H T S E P V V F D H L L
O E H A I R A M T O W N L I
O A L F Q D A Y T I M E I L
P K C A J S Y T S D B W J Y
A W B M T H A C I B R M J E
O I A I T I O L A N C A A G
S N G L L N O S O S G N M R
G T A Y S L B N H H S S S A
K E S I T R Y X S A C I R C
W R N F O S T E R H R I E E
O S C O M P E T I T I O N G
N V K I A B B O T T E P N W
  I S P I Y C P H Y L L I S B
S K Y L E N I R E H T A K I
A R R O G A N T D U E F Q V
C L L A S H L E Y O U T H W
```

Solution on Page 270

AGREEMENT	PANEL
ASPIRING	POTENTIAL
BRUTAL	PRODUCT
BURNETT	PROFIT
BUSINESS	PUBLICITY
CHOOSE	REALITY
CHRIS SACCA	SAVVY
CONCEPT	SEEKING
CONTESTANTS	SEGMENT
CORCORAN	TYCOONS
DEAL	VENTURE
DECISIONS	VETTING
DRAMA	
FINANCIAL	
GUEST	
INVENTOR	
INVESTORS	
KEVIN	
MARK CUBAN	
MEETINGS	
MODEL	
OPT OUT	

```
N C M P S U A S P I R I N G
L H O A R V C O R C O R A N
S O D N O S C P O Y B D M I
S O E E T S A T F V R E A K
N S L L S E S O I V U C R E
O E Y A E N S U T A T I D E
O F T I V I I T M S A S I S
C C I T N S R G A G L I V E
Y H C N I U H U R N T O E G
T T I E A B C E K I T N T M
C P L T L N E S C T E S T E
U E B O A M C T U E N K I N
D C U P E G D I B E R E N T
O N P N D L Q T A M U V G R
R O T N E V N I N L B I K N
P C Y T I L A E R U T N E V
```

Solution on Page 270

ANDROID	LISA JOY
ANGELA	MADAM
BERNARD	MAEVE
BOARD	MONITOR
CHARLOTTE	NEWCOMERS
CHARMING	NOLAN
CRICHTON	OUTLAW
DIRECTOR	PETER
DOLORES	ROBERT
DRAMA	SAFETY
EL LAZO	SECURITY
ELSIE	SOFTWARE
FOUNDER	SURVIVAL
FRONTIER	THERESA
GANG	VISITOR
GRACE	WESTERN
GUESTS	WILD WEST
HBO	WILLIAM
HECTOR	
HOSTS	
HUMAN	
LEE	

```
A L E G N A M U H E I S L E
V G S T S E U G E O N N L E
M A D A M F W H C B R O A L
G N I M R A H C T H E T V F
B G R R O T I N O M T H I O
O B E R N A R D R M S C V U
A O C H A R L O T T E I R N
M A T T H E R E S A W R U D
A R O M A I L L I W D C S E
R D R G M T O Z A L L E R R
D I O R D N A O S R I A O N
L I S A J O Y D U A W E B O
G S E C U R I T Y T F V E L
P E T E R F L Z F L L E R A
H O S T S E R O L O D A T N
F D R O T I S I V K W M W Y
```

Solution on Page 271

ABC

AMC

ANSARI

BASKETS

BLOODLINE

CBS

COMEDY CENTRAL

FARGO

FOX

HBO

JILL SOLOWAY

JOHN OLIVER

LIFETIME

MAGGIE SMITH

MASTER OF NONE

NBC

NETFLIX

NIGHT MANAGER

ORPHAN BLACK

PATTON OSWALT

PAULSON

PBS

RUDZINSKI

SAPOCHNIK

SELINA MEYER

SHOWTIME

SNL

SUSANNE BIER

TATIANA MASLANY

THE VOICE

THOMAS KAIL

VEEP

```
S U S A N N E B I E R K P O
E M I T W O H S B Y I C A G
L X A P E E V L L N E A T R
I I U S P K O C H A C L T A
N L R B T O S C B L I B O F
A F S A D E O A A S O N N Y
M T O L S P R A B A V A O A
E E I X A N L O C M E H S W
Y N O S L U A P F A H P W O
E C O M E D Y C E N T R A L
R U D Z I N S K I A O O L O
A B B E M I T E F I L N T S
M A G G I E S M I T H O E L
C N I G H T M A N A G E R L
L I A K S A M O H T H B O I
S N L B R E V I L O N H O J
```

ALISON	MYSTERY
BABY	POLICE
BOOKS	PREGNANT
CALEB	REUNITED
CLIQUE	ROSEWOOD
COLLEGE	SPENCER
DRAKE	STUDENT
ELLA	STYLE
EMILY	SUBURBAN
FAMILY	SWIMMER
FASHION	TEACHER
FIVE	TEEN
FRIENDS	THREAT
GIRLS	TOBY
GROUP	TOWN
ICELAND	VICTIM
LIARS	VILLAIN
LOVE	WEALTH
MARRIED	
MESSAGES	
MOTHER	
MUSIC	

P N C A L E B V I C T I M M
U A D L Y O Y L I M A F H U
O B N N I B V R R L I A R S
R R M W A Q A E E Y L T S I
G U D E E L U B G T L A W C
I B O A C N E E F P S I I E
R U O L I T E C R H L Y M N
L S W T L E D E I R R A M E
S O E H O E G F E E E L E L
D D S G P N A S N C H I R Y
Y B O T A S F T D N T S Z T
N F R N H S A U S E O O K S
W T T I M L S D F P M N J V
O C O L L E G E A S K O O B
T N H E V I F N M E K A R D
O O T H R E A T E A C H E R

Solution on Page 271

ACCLAIM	LIVES
AHMAD WHITE	LOTTI
ALFRED	MANAGER
ARRESTED	MARKS
AWARDS	MONEY
CAREER	PAPER BOI
COMEDY	PARENTS
COUSINS	PARTYING
CULTURE	PRINCETON
DARIUS	RAP
DAUGHTER	RENEWED
DAVE	SHOOTING
DESHAWN	SONG
DONALD GLOVER	STARDOM
EARN	STREET
FAMILIES	SWIFF
GEORGIA	VANESSA
GIRLFRIEND	
HIP HOP	
HOME	
HUSTLE	
JOB	

```
R D M S S D E T S E R R A A
F E O A D C U L T U R E E S
S N N D R E E R A C T V H S
G W L E A K R J S I A O S E
P A I R W R S E H D O L T N
A H T F A E I W G T Y G A A
R S J L F L D U I A E D R V
T E K A I A C N S A N L D H
Y D T M M O G H R E O A O U
I T A H U L B N I T M N M S
N F A S G P A R T P A O Y T
G X I U U U F I E E H D H L
R N A C C L A I M P E O X E
S T N E R A P D J M A R P U
A P R I N C E T O N I P T C
A I G R O E G C B L I V E S
```

Solution on Page 271

AIRTIME

CHANNELS

CHEERS

CLASSICS

COMEDIES

COMMERCIALS

DAILY

DISTRIBUTION

DRAMAS

EPISODE

FAMILY TIES

FULL HOUSE

GROWING PAINS

GUNSMOKE

HAPPY DAYS

HIT

MEMORABLE

MIAMI VICE

MOONLIGHTING

NOSTALGIA

OLDER

PROFIT

PROGRAM

REBROADCAST

RECORDED

RETRO

STAR TREK

SYNDICATED

TIME SLOT

WATCH

Solution on Page 272

ANGEL

ARMISEN

AWARDS

BOOKSTORE

BROWNSTEIN

CANDACE

CARRIE

COMEDY

COUPLE

CULTURE

DINERS

ECCENTRIC

EMMY

FEMINIST

FOIBLES

FRED

FRIENDS

GENDER

HIPSTER

HOUSE

HUMOR

IFC

KRISEL

LAMPOON

LANCE

MAYOR

MISFITS

MODERN

NINA

OREGON

PARODIES

PEABODY

RESTAURANT

ROLES

SATIRE

SKETCHES

STATUE

SWINGER

```
S T A T U E A N G E L F G Z
R O L E S Y Y D O B A E P K
X A M O D E R N E S I M R A
L A N C E C C E N T R I C G
N O O P M A L R N M S N N E
I C A R R I E A E E R I R N
E A W I F F R R L T N S E D
T N A C R U O S K A S T G E
S D R E A T K F C F E P N R
N A D T S E I D O R A P I X
W C S K T U I N U I O P W H
O E O C E N O T P E B Y S J
R O H M E G L H L N J L A I
B E M R E U N C E D T K E M
S Y S R C D X M I S F I T S
S R O M U H Y S A T I R E D
```

Solution on Page 272

BEAU WILLIMON

CLAIRE

DOUG

DUNBAR

ELECTION

EMMY

EXECUTION

FREDDY

GILLIAN

HUSBAND

ICO

JAYNE ATKINSON

LOBBYIST

LUCAS

MAHERSHALA ALI

MAJORITY WHIP

MANIPULATION

MEDIA

NATHAN DARROW

PETROV

POWER

PRESIDENT

RACHEL

REMY

REPORTER

ROBIN WRIGHT

RUTHLESS

SAKINA JAFFREY

TAWNY CYPRESS

UNDERWOOD

YATES

ZOE

```
R A B N U D M L E H C A R T
U Y M E R I A L C P F V E A
T N A T H A N D A R R O W W
H S J H N G I O B E M R O N
L A O G O I P U E S A T P Y
E K R I I L U G A I H E L C
S I I R T L L X U D E P E Y
S N T W C I A W W E R N U P
J A Y N E A T K I N S O N R
N J W I L N I Y L T H I D E
Y A H B E C O M L Y A T E S
D F I O O F N M I X L U R S
D F P R A I D E M I A C W A
E R T S I Y B B O L A E O C
R E P O R T E R N Z L X O U
F Y H U S B A N D H I E D L
```

Solution on Page 272

ADAPT

ALEXANDRIA

AMC

ATLANTA

BATTLE

BULLET

COMA

DANGER

DARYL

EUGENE

EZEKIEL

GLENN

GRIMES

HILLTOP

HORROR

JEFFREY DEMUNN

KILL

KINGDOM

LOYALTY

MICHAEL ROOKER

MURDER

NEGAN

OCEANSIDE

RICK

ROSITA

SANCTUARY

SAVIORS

SCAVENGERS

SHIVA

SHOT

SURVIVORS

WAR

ZOMBIES

130

```
M S Q B A V I H S E M I R G
C T E L L U B G X N A H R L
J L E I K E Z E P E T D E E
E R Q I B R D R E G N A D N
F L L U A M O I Z U A S R N
F L E S M I O S S E L C U Y
R P S G U O R Z I N T A M T
E O B A R R D D B T A V R L
Y T A A V O V G N J A E I A
D L M B T I R I N A N N C Y
E L O W S T O R V I X G K O
M I C H A E L R O O K E R L
U H O D W Y F E S H R R L Y
N T A Y R A U T C N A S L A
N P N A G E N B M W V S O I
T H D W J D F H A P M C B M
```

Solution on Page 272

ACCLAIM

ALDERSON

ALLSAFE

ANARCHIST

ANGELA

ANXIETY

ATTACKING

AWARDS

DARK ARMY

DARLENE

DATA

DELUSION

DEPRESSION

DESTROY

DISORDER

DOM

DRUGS

ELLIOT

ENGINEER

ERASE

EVIL CORP

FBI

FSOCIETY

GROUP

HACKER

IDENTITY

IRVING

ISOLATED

MAN

MISSIONS

NYC

PARANOIA

RECRUITED

STRUGGLE

THOUGHTS

THRILLER

VIGILANTE

```
A D E S T R O Y R S F Y R R
W E A N G E L A N P B T E T
A N X I E T Y O U Y I E K H
R D O E L L I O T T N I C O
D I E I S S R N M I R C A U
S R D T S G O A G T E O H G
B V U I I S N N D N D S D H
I I M G R U E A V E R F E T
S N O E S O R R P D O P L S
O G D U E K M C P I S R U T
L L J S A I E H E E I O S R
A P A R A N O I A R D C I U
T R M L E F A S L L A L O G
E Y C Y N A T T A C K I N G
D C K E T N A L I G I V U L
A T A D F T H R I L L E R E
```

Solution on Page 273

ADVISORS

AMATEUR

ARTISTS

ASPIRING

BATTLE

CHAIR

COACHES

CONTRACT

CRITIQUE

DEAL

DUETS

FINAL

GUIDE

HIT

HOSTS

KNOCKOUT

MENTOR

MILEY

NBC

PANEL

PARTNER

PHARRELL

REALITY

RECORD

ROUNDS

SELECTED

SHAKIRA

SINGING

SOLO

SONGS

STAGE

TALENT

TEAMS

UMG

UNSIGNED

USHER

VIEWERS

VOCAL

VOTING

WINNER

```
E M E G A T S I N G I N G I N G U
R D T M G T Y T I L A E R B
U H I Y E L I M S R I A H C
Z O H U S R E W E I V W W O
W S D C G M U R U E T A M A
I T W D E N G I S N U R P C
N S N N O S O N G S O T A H
N R T C A R T N O C K E R E
E O O E U Q I T I R C A T S
R S L L E R R A H P O M N H
O I O M I T N E U V N S E A
U V S P N U L L O L K X R K
N D S E L E C T E D A S L I
D A L A N B I T D R O C E R
S A E A N N L A N I F D O A
T D P R G U O B R E H S U V
```

Solution on Page 273

AARON	HARDENED
AGENTS	HEWITT
BAU	JAIL
BEHAVIORAL	JASON
BOSS	KILLER
CABIN	LIAISON
CADET	MURDER
CAST	OFFICER
CATCH	PATINKIN
CHIEF	POLICE
CRIME	PREGNANT
DATES	PROFILING
DEMANDS	QUANTICO
DIVORCE	STALKER
DRAMA	TEAM
EXPERT	TROUBLING
FAMILY	UNSUB
FBI	WORK
FIREARM	
FRANK	
GREENAWAY	
HALEY	

```
E E C R O V I D A T E S J Y
F C A S T T I W E H S P A L
L I A J R E D R U M T W M I
O L R R E C I F F O A V A M
F O P A T I N K I N L N R A
E P P E H H L G E R K J D F
I M D A P T A E X P E R T S
H A L X A R R R N O R A A L
C E I O S G O O D B A C R E
Y T A C J S I F U E A I E M
B Z I I A T V J I B N U R I
U C S T S N A K I L L E R R
S A O N O E H N N K I I D C
N T N A N G E R P A K N N D
U C J U N A B O S S R W G G
P H X Q K R O W E I B F L K
```

Solution on Page 273

ARTIST

BERTIE

BIOGRAPHICAL

BRITAIN

BRITISH

CHURCHILL

CLAIRE FOY

DAUGHTER

DRAMA

DUKE

EDWARD

ELIZABETH

ENGLAND

EUROPE

GRANDMOTHER

KENNEDY

LITHGOW

MACMILLAN

MARRY

MATT SMITH

NETFLIX

PHILIP

PHOTOGRAPHER

PORTRAIT

REIGN

RETIREMENT

SAG AWARDS

SISTER

SUEZ CRISIS

SUTHERLAND

TOWNSEND

UNCLE

WIFE

```
M D S B C D N E S N W O T P
A U I R H P H I L I P I H R
C K S I U N C L E Y A O E E
M E I T R E B Y R R T H H T
I M R A C D M R T O T S S I
L A C I H P A R G O I B U R
L T Z N I M O R M T R K T E
A T E C L P A D I E E E H M
N S U F L P N R T N D T E E
E M S A H A B S N W E F R N
T I R E R E I E A B I N L T
F T R G U S D R A W A G A S
L H I R A Y D Z E M L I N I
I W O G H T I L X F A E D T
X P E N G L A N D C O R H R
E J L R E T H G U A D Y D A
```

Solution on Page 273

AMEN

BEWITCHED

BONANZA

COACH

DRAGNET

DYNASTY

ELLEN

EVENING SHADE

FAMILY MATTERS

GUNSMOKE

HAPPY DAYS

KNOTS LANDING

LASSIE

LIVING SINGLE

LOST IN SPACE

MAD ABOUT YOU

MAJOR DAD

MELROSE PLACE

MISTER ED

MY THREE SONS

PICKET FENCES

QUANTUM LEAP

RHODA

STAR TREK

THE JEFFERSONS

THE NANNY

```
N M S Y A D Y P P A H D F A
E A N G U N S M O K E A X Q
L D O A D C O A C H M P U F
L A S Z R E V T C I K A S K
E B R N A R W T L Y N N E M
C O E A G V I Y T T O R I E
A U F N N W M S U S T H S L
P T F O E A A M E R S O S R
S Y E B T N L E A O L D A O
N O J T Y E R T U F A A L S
I U E D A H S G N I N E V E
T R H P T M A J O R D A D P
S U T Y D E R E T S I M A L
O E M W T H E N A N N Y M A
L L I V I N G S I N G L E C
S E C N E F T E K C I P N E
```

Solution on Page 274

ANDREWS	NEIGHBOR
ARCHIE	PARENTS
BETTY	PASSION
BUTLER	POP TATE
COACH	REGGIE
COMICS	RICH
COOPER	SHERIFF
CRUSH	SINGER
DAUGHTER	SMART
FATHER	SNOOTY
FOOTBALL	SOCIAL
FRED	SPOILED
FRIEND	STUDENT
GIRLS	SUMMER
HIRAM	SWEET
JOSIE	TEEN
JUGHEAD	THE CW
LODGE	WEALTH
LOVE	
MAYOR	
MOTHER	
MUSIC	

```
M H C I R E G N I S L R I G
V H X D S B F A T H E R E H
Y C T E P W T N E D U T S D
T T J L D A E H G U J U E Z
T N O I A R S R E L R R I L
E E S O A E E S D C F E D A
B I I P N L W A I N W H C I
L G E S T S U Z W O A T O C
X H O U K G E V O L N O O O
S B B S H E R I F F I M P S
F O O T B A L L H Q I H E U
R R E T A T P O P C T I R M
I R E G G I E D S O R R O M
E P C I S U M G M A A A Y E
N E E T S W E E T C M M A R
D T L J S J Y U P H S C M T
```

Solution on Page 274

AIDAN GILLEN

ALFIE ALLEN

AMRITA ACHARIA

ASSASSINATED

BOLTON

CHARLES DANCE

CONLETH HILL

DONALD SUMPTER

EMILIA CLARKE

HBO

IAIN GLEN

JACK GLEESON

JON SNOW

JULIAN GLOVER

KING

LANNISTER

MERIBALD

NATALIA TENA

NORTH

QYBURN

RICHARD MADDEN

SIBEL KEKILLI

SOPHIE TURNER

STARKS

THE WAIF

```
K S J A C K G L E E S O N N N
K O U N E L L A E I F L A E
C P L A N N I S T E R T M K
A H I T H E W A I F A A R R
I I A I N G L E N L S E I A
D E N R U B Y Q I S T C T L
A T G G L T R A A P H W A C
N U L N Y E T S M A O S A A
G R O I E E S U R N K N C I
I N V K N I S D S R O O H L
L E E A N D M N A T D R A I
L R R A L A O T L N U T R M
E Q T A D J S O B H C H I E
N E N D L A B I R E M E A H
D O E C O N L E T H H I L L
D N I L L I K E K L E B I S
```

Solution on Page 274

ANNOUNCER

BANTER

BREAKING

BROADCASTER

COHERENT

COMMENTARY

CONCISE

CURRENT

DISCUSS

ENGAGING

EVENTS

FINANCE

FLUENT

HEADLINE

INSIGHT

INTERVIEW

JOURNALISM

LIGHT

MAKEUP

MICROPHONE

MONITOR

PRESENTER

PROFESSIONAL

ROVING

SPORTS

STORY

STUDIO

SUIT

TELEPROMPTER

TELEVISION

TIE

VOICE

WEATHER

```
C U R R E N T H G I S N I X
R E T N A B E N I L D A E H
O V E G B N I R E H T A E W
V E L N R I N T E R V I E W
I N E I O T E O N W E L C E
N T V G A H C C U E A H I S
G S I A D G P M N N U K O I
G T S G C I N O O A C L V C
D U I N A L E I R N N E F N
I D O E S I S O K C I I R O
S I N K T S U I T A I T F C
C O M M E N T A R Y E M O Y
U F Y F R E T N E S E R P R
S J O U R N A L I S M C B O
S R E T P M O R P E L E T T
P U E K A M S P O R T S N S
```

Solution on Page 274

ABC

ACTIVIST

ADVISOR

AFFAIR

ASSOCIATES

CAMPAIGN

CASES

CLASSIFIED

CRISIS

CYRUS BEENE

DIRECTOR

DIVORCE

ELECTION

FIRST LADY

FIXER

GRANT

HARRISON

HUCK

INFORMATION

JUDY SMITH

LEAKING

LITIGATOR

MELLIE

MOLE

MURDER

MYSTERY

NSA

POLITICAL

PRESIDENT

QUINN

SALLY

SENATOR

SUSAN ROSS

TEAM

THRILLER

WASHINGTON

```
Y R E T S Y M R O S I V D A
L J U D Y S M I T H F Q I C
L J D I R E C T O R I U V T
A S E N A T O R C E R I O I
S C A F F A I R A X S N R V
I R Y O Q I A P M I T N C I
H L M R K C U H P F L O E S
A A E M U O C B A L A T K T
R C L A S S I F I E D G R N
R I L T S S B T G A Y N E E
I T I I E A I E N K D I D D
S I E O S G M S E I M H R I
O L H N A S S O R N A S U S
N O I T C E L E L G E A M E
S P O S I S I R C E T W R R
A R E L L I R H T N A R G P
```

Solution on Page 275

AGENCY

BROADCAST

BUY

CELEBRITY

COMMERCIAL

CONSUMERS

CREATIVE

CUSTOMER

DEMOGRAPHICS

ELECTRONICS

GOODS

GROCERIES

HUMOR

INFOMERCIAL

JINGLE

MARKET

MEDIA

MESSAGE

NETWORKS

NIELSEN

PAID

POLITICAL

PROMOTION

RATINGS

RESTAURANT

REVENUE

SELL

SLOGANS

SPOTS

SUPER BOWL

TARGET

TOILETRIES

TOOTHPASTE

```
N S K R O W T E N X C S M L
I C Q I N F O M E R C I A L
E I M E S S A G E I Y I R A
L H Y C N E G A N R C B K C
S P S E L L T O A R E R E I
E A N S E I R T E L I O T T
N R A Y V T I M G Y S A S I
Y G G E C N M N R U R D A L
T O O E G O I O P B E C P O
I M L S C J M E M X M A H P
R E S T A U R A N T U S T S
B D Z F H B S P O T S T O D
E I P R O M O T I O N J O O
L A I W T A R G E T O W T O
E P L Q N S E I R E C O R G
C U S T O M E R E V E N U E
```

Solution on Page 275

ABBY

AGENT

ALCOHOLIC

ASSISTANT

ATHLETES

AVI

AWARDS

BOSS

BOXER

BRIBES

BRIDGET

BROTHER

BUNCHY

CLEANER

CLIENT

CONOR

CRIME

DARYLL

DISAPPEAR

DRAMA

FAMILY

FAMOUS

FATHER

FBI

FIXER

LENA

LIMOS

MICKEY

MOGULS

PAYOFFS

PROBLEMS

RAYMOND

RICH

SCHREIBER

SHADY

SHOWTIME

SON

TERRY

THREATS

TROUBLES

```
N S K L E M I R C L I E N T
N P T S L U G O M L E N A E
E C N A E S H A D Y O T M G
G L E A E L Y H M S H I I D
G E G R L R B Q C L T Y C I
H A A E R C H U E W T R K R
J N P X E A O T O B N R E B
B E A I B F E H B R A E Y S
U R Y F I S S P O O T T E L
N O O A E B O R P L S B A L
C N F T R O M O Y A I S W Y
H O F H H X I B B R S C A R
Y C S E C E L L B A S I R A
H C I R S R R E A M A R D D
P O R V D N O M Y A R W S G
Y L I M A F J S U O M A F L
```

Solution on Page 275

KAQY	KUBD
KARD	KUCW
KASN	KUED
KATN	KWDK
KAWB	KWET
KAZD	KWHB
KBCA	KWMJ
KDKF	KWOG
KDLH	KWPL
KDMD	KWSD
KDNL	KWVB
KFQX	KWWF
KFVE	KWYB
KFWD	KYAZ
KJAC	KYIN
KJCT	KYTV
KJLA	KYUR
KMEB	KYVE
KMOT	
KPIC	
KPLC	
KPMR	

```
L D P V S R H L J K U N G A
J V R Q Z O Q D N T V C L A
W Z S H X K B D W D C J F R
M R D J D R S E V F K J A C
B U F T Z R R U A T K A K T
D W U W N U M K E B K N Z H
M X J F W Y P W E W W F M D
G O W C U K K M O T M A R F
N G K H J U K G M N S A K K
E N Q B L B K D T K K Q I D
G V K H K D M A W O A C B K
Q K Y W W Z K P I C Q K P D
N I Y K S W L F E N Y L L M
Z B W T M D T V Q A C Y D D
S V T J V E L L Z X Y B I C
B Q D I E B N X K C A P V J
```

Solution on Page 275

ALI	MATT
APPOINTED	MIDDLE EAST
BESS	NADINE
BLAKE	NEGOTIATES
BUSY	OFFICE
CAMPAIGN	PLANE CRASH
CARRADINE	POLICY
CIA	PRESS
CONRAD	PROTOCOL
DAISY	RUSSELL
DATE	SCHEDULE
DAUGHTER	SHREWD
DIPLOMACY	SON
DRAMA	STAFF
FAMILY	STEVIE
HENRY	THEOLOGY
HUSBAND	UVA
ISSUES	WORK
JAY	
LANGUAGES	
LEONI	
LIVES	

```
S W U D N A B S U H S N P M
S O N O F F I C E D F A R J
E R M D R E T H G U A D E B
B K E I N N H E H C M I S U
D W A P D I E D S Y I N S S
S R D L R D O U A A L E E Y
T E A O B A L L R J Y G V E
A C T M M R O E C D R O I S
F O E A A R G B E J U T L T
F N D C T A Y T N A S I R E
H R X Y T C N F A L S A D V
C A M P A I G N L I E T W I
I D I N O E L T P S L E E E
A U Z P R O T O C O L S R B
F V P O L I C Y R N E H H Z
L A N G U A G E S E U S S I
```

Solution on Page 276

ACCLAIM

ACCOLADES

ACTOR

BILLY ALDRICH

BROADWAY

BROTHERS

CAMEO

COMEDIAN

COMMERCIALS

DRESS GRAY

EMMYS

FILM

FRIENDS

GOLDEN GLOBE

HOST

JACK DONAGHY

JOSHUA RUSH

KIM BASINGER

KNOTS LANDING

MATCH GAME

PARENT

PARKER

SAG AWARDS

SITCOM

SNL

STAGE

TELEVISION

THE DOCTORS

THE ESSENTIALS

TRUMP

WRITER

```
W S Y M M E M A G H C T A M
H R T H E D O C T O R S N L
S O I S I T C O M E D I A N
D B S T A G E M I A L C C A
R I O T E R E K R A P O A J
A L P M U R T N Q C A M E O
W L J A C K D O N A G H Y S
A Y U I B R O T H E R S T H
G A A Y A R G S S E R D T U
A L M S E D A L O C C A N A
S D L K I M B A S I N G E R
F R I E N D S N A C T O R U
K I F C Y A W D A O R B A S
F C T E L E V I S I O N P H
T H E E S S E N T I A L S H
R S D E B O L G N E D L O G
```

Solution on Page 276

ABUSE

AGENT

AMANDA

ATTORNEY

BOROUGHS

CAPTAIN

CHESTER

CRIME

DARK

DICK WOLF

DRAMA

ELLIOT

EXAMINER

FBI

FIN

HEINOUS

HUANG

KILLED

LEGAL

MANHATTAN

MEDICAL

MELINDA

MONIQUE

MURDER

NBC

NEW YORK

NYPD

OFFENSES

OLIVIA

POLICE

PRECINCT

PROSECUTE

RAFAEL

REAL

SERGEANT

SPECIAL

STRANGLED

UNIT

VICTIMS

VIOLENCE

```
H L R T O A E C I L O P V D
U L E A C F M E B N L H M R
A A C G D N F A L N I E A A
N I R E A I I E N L V I N M
G C I N C L C C N D I N H A
N E M T C N H K E S A O A Y
M P E B A R E I W R E U T E
E S D O P E S L Y O P S T N
L E I R T N T L O L L U A R
I R C O A I E E R I C F N O
N G A U I M R D K E V B I T
D E L G N A R T S B S I F T
A A F H Y X M O N I Q U E A
G N R S P E R E D R U M B N
O T E K D P V I C T I M S A
T I N U R A F A E L A E R T
```

Solution on Page 276

BEANS

BROWNIES

CANDY

CASHEWS

CEREAL

CHEAP

CHIPS

COFFEE

CONVENIENT

COOKIE

CUPCAKE

DISPOSABLE

DRINK

EASY

FAST

FREEZER

FRIES

FRUIT

ICE CREAM

JERKY

LASAGNA

MEAL

NACHOS

NUGGETS

NUTS

OVEN

PACKAGED

PASTA

POPCORN

POPSICLE

PRETZELS

RAISINS

RAVIOLI

RICE CAKE

STEAK

SWANSON

TRAY

VEGETABLE

```
C H I P S C A N D Y T N M E
L O P C H E A P F F O R E A
A H N R O C P O P S R F A S
E P J V H D R I N K F U L Y
R E A O E L B A S O P S I D
E S S C I N W M C F B N R T
C L V Z K S I C E C R E A M
R I C E C A K E C O O K I E
A E L I G A G D N S W A S H
N N Z O S E S E L T N C I H
E U G E I P T H D U I P N Z
V G T A E V O A E N E U S F
O G L I S R A P B W S C R A
J E R K Y A F R S L S I A S
S T E A K S L E Z T E R P T
H S N A E B V P A S T A B Q
```

Solution on Page 276

ACCLAIM

AWARDS

BEE

COMEDIC

COMMENTARY

CONTEMPORARY

COVERAGE

ELECTION

FIELD PIECES

FORMAT

GRAB BAG

HARKIN

HEADLINES

HOGGART

INJUSTICE

INTERVIEW

ISSUES

JON STEWART

LAUGH

NATIONAL

NEWS

NIGHT

OBAMA

POLITICS

SAMANTHA

SATIRE

SEGMENTS

STAFF

STORIES

TALK SHOW

TBS

TRUMP

UNIQUE

WASHINGTON

WOMAN

WRY

```
A H T N A M A S D R A W A N
T E R N I G H T W W U C A A
R A A N Y T B A U E O O A T
A D G I O S A N R N N M M I
W L G S E I I M T K A M A O
E I O S D Q T E R C I E B N
T N H U U S M C C O C N O A
S E C E I P D L E I F T S L
N S E S O N A S D L G A T T
O T G R T I J E A N E R N A
J O A L M A M U I T U Y E L
K R R A E O F H S M I Y M K
Y I E U C E S F P T Q R G S
N E V G R A B B A G I W E H
W S O H W P O L I T I C S O
U L C B E I N T E R V I E W
```

Solution on Page 277

AFFILIATES

ALICE

AMAZING RACE

ANDY GRIFFITH

BIG BROTHER

BLUE BLOODS

BULL

CODE BLACK

CORPORATION

CRONKITE

DAN RATHER

ELEMENTARY

EYE

GOMER PYLE

GOOD TIMES

GOOD WIFE

GREEN ACRES

I LOVE LUCY

LOU GRANT

MOONVES

MURPHY BROWN

NCIS

NETWORK

NEWS

RHODA

SCORPION

TONY AWARDS

WESTINGHOUSE

```
B C O D E B L A C K N A A N
Y U B T N A R G U O L C L E
J E L E M E N T A R Y D I W
Y C U L E V O L I X H L C S
E N E S U O H G N I T S E W
L O B S E V N O O M I R Y C
Y I L D G O O D W I F E E O
P T O N E T W O R K F H K D
R A O K V C R O N K I T E A
E R D M U R P H Y B R O W N
M O S E M I T D O O G R M R
O P S C O R P I O N Y B U A
G R E E N A C R E S D G G T
T O N Y A W A R D S N I G H
E C A R G N I Z A M A B G E
S E T A I L I F F A D O H R
```

Solution on Page 277

AARON

ABC

ATTACK

ATTORNEY

AUTHORITY

CHIEF

CONSPIRACY

COUNTRY

DAUGHTER

DEPUTY

DESIGNATED

DRAMA

EEOC

EMILY

EXPLOSION

FBI

FIRST LADY

HUD

INVESTIGATE

LEO

MIKE RITTER

PENNY

POLITICAL

PRESS

RESIGNATION

SAFETY

SECRET SERVICE

SETH

SON

SPEAKER

SPEECHWRITER

STRATEGIST

SURVIVOR

SUTHERLAND

TOM KIRKMAN

WHITE HOUSE

```
S U R V I V O R C C B A L D
P D U R Y T I R O H T U A D
E K N P E N N Y N I N P C N
E C O U N T R Y S E A I I A
C A I B F S T L P F M N T L
H T T V U I P I I S K V I R
W T A D R G N M R P R E L E
R A N E E E O E A E I S O H
I R G P X T S A C A K T P T
T E I U P A A T Y K M I A U
E T S T L R C N E E O G M S
R H E Y O T O O G R T A A A
L G R N S S E R P I C T R F
E U W H I T E H O U S E D E
O A T T O R N E Y H T E S T
G D U H N F I R S T L A D Y
```

Solution on Page 277

ABC	LIFE
ADAM	MURRAY
ARCADE	MUSIC
BARRY	NARRATOR
BEVERLY	POPS
BOY	PUCHINSKI
BUSINESS	SCHOOL
CAMCORDER	SITCOM
CHILDHOOD	SMART
COUPLE	SPORTS
CRUSH	STORE
DALE	TEACHER
DAUGHTER	TEENAGE
ERICA	VHS
FAMILY	VIC
FATHER	WAWA
FRIEND	WIDOWER
FURNITURE	WORK
KISS	WRESTLING
LAINEY	YOUNG

```
Y N X K I S S R M C S U L R
E A W K C T H S P O R T S N
Z B R R O T A R R A N B S L
K O P R E T H G U A D E E G
W Y E U U S M A R T G R N H
H S U R C M T L Z A U U I E
B A R R Y H B L N T O D S L
X C E E E A I E I Y F O U A
F I H H R D E N V N R O B I
F R T C L T R H S E G H F N
R E A A S U S O W K R D E E
I D F E F I L O C E I L T Y
E D U T M A D A L M P I Y A
N K S Y L I M A F U A H B V
D S W A W A D L O O H C S I
C P O P S I T C O M U S I C
```

Solution on Page 277

CARTOON

CHAIR

CLIFFHANGER

COMEDY

COMMERCIAL

CREDITS

DOCUMENTARY

DRAMA

DVR

EDUCATIONAL

EVENTS

FOOD

GUIDE

INFOMERCIAL

KIDS

LATE NIGHT

LISTINGS

MUSIC

NETWORK

NEWS

PREMIUM

PROCEDURAL

PROGRAM

RECORDED

RELAXATION

REMOTE

SATELLITE

SITCOM

SOFA

SPECIAL

STATION

SUSPENSE

TAPE

TELETHON

TV STAR

WATCH

```
B K I D S N O H T E L E T S
L A R U D E C O R P A J I F
A N E O S L O T P Q I T D O
I G C L W A M A R D C N O O
C U O S E T M P E O R O C D
E I R G N E E E M Y E I U M
P D D N W N R N I D M T M U
S E E I C I C H U E O A E S
C T D T R G I C M M F X N I
H I V S E H A X D O N A T C
A L R I D T L O S C I L A W
I L C L I F F H A N G E R A
R E M O T E T V S T A R Y T
F T N B S P R O G R A M F C
C A R T O O N O I T A T S H
L S U S P E N S E V E N T S
```

Solution on Page 278

ALEC BALDWIN

AMY POEHLER

ANDY SAMBERG

BAND

CAST

CELEBRITY

COMEDY

DAVID SPADE

ELECTION

GILDA RADNER

GUEST

HOST

JANE CURTIN

JOE PISCOPO

LIVE

LORNE MICHAELS

MICHAEL CHE

MIKEY DAY

NEWS

PARODY

PERFORMANCE

SATIRE

SKETCH

SKITS

SNL

SPOOF

STEVE MARTIN

TRACY MORGAN

TRUMP

VARIETY

WILL FERRELL

```
O E S W S E L E C T I O N N
P C P I L Y V H S A T I R E
O N O L E N C C S N W V N W
C A O L A I E L K D L A A S
S M F F H T L E L C T R G E
I R A E C R E A N O B I R D
P O N R I U B H I M A E O A
E F D R M C R C T E N T M P
O R Y E E E I I R D D Y Y S
J E S L N N T M A Y P A C D
H P A L R A Y R M O A D A I
C S M Z O J A T E P R Y R V
T T B E L D S H V M O E T A
E I E V L O L H E U D K S D
K K R I H E L M T R Y I A W
S S S G L R G U E S T X M C V
```

Solution on Page 278

ACQUIRED

ALL FOR LOVE

BRAND

CABLE

CEDAR COVE

CHEERS

CROWN MEDIA

DRAMA

ENTERTAINMENT

FAMILY

FILMS

GOLDEN GIRLS

GOOD WITCH

HALL OF FAME

HEART OF TV

HOUSEHOLDS

I LOVE LUCY

JANE DOE

KITTEN BOWL

LAUNCH

LOVE LOCKS

LOVE ON ICE

MOVIES

ORIGINAL

SATELLITE

THE ART OF US

THE MIDDLE

Solution on Page 278

ACCLAIM	MARYLAND
ADMINISTRATION	MIKE
AIDE	POLITICAL
AMY	PRESIDENT
ASSISTANT	RECOUNT
AWARDS	RELATIONSHIP
BEN	REPORTER
BODYGUARD	RICHARD
CAREER	SATIRE
COMEDY	SELINA
CONGRESSMAN	SENATE
DAN	SUE
DEVOTED	WHITE HOUSE
DIVORCED	WORK
ELECTION	
EMMY	
GARY	
JONAH	
KENT	
LEGACY	
LOBBYIST	
LOYAL	

```
T Y C A G E L A N I L E S S
N M A J M B O D Y G U A R D
U A R T A L C M Y J I K I R
O D E C R O V I D D O E C A
C Z E J Y Y N N E B E N H W
E Q R T L A A I M E K T A A
R N N N A L M S O S I N R H
E O L A N C S T C U M E D Y
T I A T D A S R N O L D R M
R T C S D C E A I H O I U M
O C I I E C R T T E B S E E
P E T S V L G I E T B E T M
E L I S O A N O J I Y R A G
R E L A T I O N S H I P N P
K R O W E M C N K W S U E V
D Y P T D Y N E R I T A S V
```

Solution on Page 278

ALLY MCBEAL

ANIMATION

BARRY DILLER

BEAT SHAZAM

COMMERCIAL

EMPIRE

ENTERTAINMENT

FAMILY GUY

FOURTH

FOX NFL

FOX UFC

FUTURAMA

GLEE

GOTHAM

LATE SHOW

LOS ANGELES

MASTERCHEF

METROMEDIA

MISS USA

NETWORK

NEW GIRL

PRISON BREAK

SON OF ZORN

STAR

SUPERHUMAN

THE ORVILLE

TRACEY ULLMAN

VIEWERSHIP

M F V D S U P E R H U M A N
E E I F H T R U O F T J A L
T H E O R V I L L E R A H A
R C W M I S S U S A A D T I
O R E A S A O N F N C N O C
M E R A O A N E O I E S B R
E T S L N M B W X M Y E E E
D S H L O A R G N A U L A M
I A I Y F R E I F T L E T M
A M P M Z U A R L I L G S O
E G M C O T K L D O M N H C
M L A B R U J Y Q N A A A F
P E H E N F R A T S N S Z U
I E T A K R O W T E N O A X
R N O L A T E S H O W L M O
E A G B F A M I L Y G U Y F

Solution on Page 279

ABC

ASHLEY HEBERT

BISCHOFF

BUSHNELL

CEREMONY

DATES

DEANNA PAPPAS

ELIGIBLE

ELIMINATED

EMILY

EXOTIC

FAMILY

GRIMALDI

HALEY

HOMETOWN

HOST

JAKE PAVELKA

MARRIAGE

MATT GRANT

MOLLY MALANEY

NATALIE GETZ

POTENTIAL

PROPOSE

REALITY

ROMANTIC

ROSE

SOULES

THE TWINS

VIENNA GIRARDI

WIFE

WINTER GAMES

WOMEN

182

```
D A T E S Z Y N O M E R E C
E E W I N T E R G A M E S B
M Y T L L E N H S U B P I N
T A E A R G M H O S T D D G
D N R N N E S O P O R P L N
C E A R A I A Y W A E L A W
I L A R I L M L R B B A M O
T B E N G A A I I C E I I T
N I S F N T G M L T H T R E
A G O F H A T E Y E Y N G M
M I U X N N P A B L E E Y O
O L L N C W W A M Z L T L H
R E E X O T I C P M H O I A
B I S C H O F F A P S P M L
V A K L E V A P E K A J A E
R O S E T H E T W I N S F Y
```

Solution on Page 279

AFC

BALL

BILLS

BROADCASTING

BRONCOS

BUCCANEERS

CABLE

CBS

CHARGERS

CHIEFS

COLLEGE

DOLPHINS

DOWNS

ESPN

FOX

FUMBLE

GRASS

KICKING

LUCRATIVE

NBC

NETWORKS

NFC

OFFENSE

OFFICIALS

PASS

PROFESSIONAL

QUARTERBACK

RECEIVER

RIGHTS

RUNNING

SNAP

STATIONS

STEELERS

SUPER BOWL

TELEVISION

YARD LINE

```
F S N B C G N I K C I K M F
U R P S R E G R A H C F N R
M E S R S L U C R A T I V E
B L E N O T O P B O N X G Q
L E G P I F H R A O E N C S
E E N G F H E G I N I B B U
R T I E U T P S I T S U S P
E S N V R S I L S R K C N E
C S N A S V D A O I R C O R
E L U A E R C I B D O A I B
I Q R L A D B C A Z W N T O
V G E Y A R T I L K T E A W
E T D O W N S F L D E E T L
R U R C H I E F S L N R S F
Z B F S O C N O R B S S A P
C A B L E G E L L O C F O X
```

Solution on Page 279

ANNIVERSARY	PRANKS
BAPTISM	REEL
BASEBALL	RETIREMENT
BBQ	SENTIMENTAL
BIRTHDAY	SHOOT
CAMCORDER	SILLY
CAMERA	SOCCER
CARTRIDGE	TAPE
CASSETTE	VACATION
CELEBRATION	VIDEOGRAPHER
CHILDREN	VIEW
CHRISTMAS	
EDIT	
EMBARRASSING	
FAMILY	
FRIENDS	
FUNNY	
GRADUATION	
MICROPHONE	
MILESTONES	
PARTY	
PETS	

```
P R A N K S V S I L L Y G F
T N E M E R I T E R Y N V B
N O I T A U D A R G I O S I
C H I L D R E N S S E I E R
R S R E C C O S S F T T N T
E D T K Y A G A T Y T A T H
E N O I T A R B E L E C I D
L E O J R R A E P I S A M A
L I H H A Z P T M M S V E Y
L R S B P A H I E A A F N M
A F M Q T O E D L F C U T S
B E Y R A S R E V I N N A I
E W R E D R O C M A C N L T
S E N O T S E L I M L Y Q P
A I Y C H R I S T M A S B A
B V P E G D I R T R A C B B
```

Solution on Page 279

ALS	MEMBERS
ANDRE	MOGUL
ANGELO	MOTHER
ANIKA	MURDERED
ASSOCIATE	NEW YORK
BATTLE	POWER
CAREER	PREGNANT
CEO	RAP
CFO	REHAB
COMPANY	RHONDA
CONTROL	SHARE
COOKIE	SONS
DRUG	STAR
ENTERTAINMENT	VERNON
FAME	
FBI AGENT	
FIGHT	
HAKEEM	
HIP HOP	
LAZ	
LUCIOUS	
LYON	

```
F F E M E E K A H Z B R M U
E C R T U K P S R E B M E M
R D F E K R O Y W E N N T J
A D N O H R D O U T T H A J
H G B L A A A E N E G N I J
S R A E Y T B A R R U O C H
J A T G S H N T G E R N O D
O C T N E G A I B F D R S R
N Z L A E I S H F E E E S A
Z N E R N F U E I E K V A T
H K P M L Y O N R P W C S S
A R E W O P I A K J H O N E
Y N A P M O C O N T R O L E
T J D M O G U L Z A S K P M
L R R R W S L A P A N I K A
S V I C E O L M O T H E R F
```

Solution on Page 280

ACCLAIM	MOTHER
APPEARANCE	NANCY
AWARDS	NETFLIX
BOYS	POLICE
CARA BUONO	RURAL
DIVORCED	SADIE SINK
DUFFER	SEARCH
DUSTIN	SECRET
ELEVEN	SHAWN LEVY
FRIENDS	STUDENT
HARBOUR	TEENAGER
HAWKINS	TOWN
HOMAGES	WILL
HORROR	WINONA
INDIANA	WOLFHARD
JOE KEERY	
LABORATORY	
LONNIE	
LUCAS	
MARTIN	
MATARAZZO	
MODINE	

```
P L S Y E L E V E N I D O M
P O A E V D E C R O V I D O
S A L R G E M A L Z R N B T
T J P I U A L O L Z O I O H
U N O P C R M N I A R T Y E
D W H E E E H O W R R R S R
E O L F K A S U H A O A F P
N T F B R E R B S T H M X W
T U A B C H E A A A D S I S
D E O R C I D R N M A N L D
A U E R N I O A Y C O I F R
R T A N E B N C U N E K T A
Q E O S A C C L A I M W E W
S L I L Y G V I N D I A N A
O N R F R I E N D S L H W C
K W O L F H A R D U S T I N
```

Solution on Page 280

ANTHEM

ARCHERY

ATHENS

ATHLETE

BARCELONA

BASKETBALL

BEIJING

BIATHLON

BOBSLEDDING

CHAMPION

DECATHLON

FENCING

GRENOBLE

GYMNASTICS

HELSINKI

HOCKEY

INNSBRUCK

JAVELIN

LONDON

LOS ANGELES

LUGE

NAGANO

OSLO

PARIS

PENTATHLON

PYEONGCHANG

QUALIFY

RACE

SKIING

SNOWBOARDING

SOCHI

TOKYO

TRIATHLON

WORLD

```
B L B I A T H L O N A O J Y
Y E L O G X J A T H E N S F
E T I A B R S A W T L A C I
K N P J B S E V V U J G I L
C G O Y I T L N G E N A T A
O D N L E N E E O I L N S U
H E B I H O G K D B Z I A Q
E C A H I T N R S D L F N U
L A R C C K A G A A I E M C
S T C O O O S I C C B N Y H
I H E S B N O I R H E C G A
N L L W O R L D R T A I Q M
K O O D N O L H T A T N E P
I N N S B R U C K F P G G I
S O A R C H E R Y T O K Y O
L M E H T N A T H L E T E N
```

Solution on Page 280

AIR KISS

APARTMENT

BLUEFLY

BRAVO

BUDGET

COLLECTION

COMPETE

CREATE

DEADLINE

DENIM

DESIGN

FABRICS

FASHION

FINALISTS

GARMENT

HAIR

HEIDI KLUM

IMMUNITY

INGENUITY

INTERVIEW

JACKETS

JEANS

JUDGED

MATERIALS

MODELS

NOTIONS

NYC

PANEL

PEABODY

PURCHASE

REALITY

RUNWAY

SCORES

SELECT

SHOW

STIPEND

THEME

TIME

WEAR

WINNER

```
E S A H C R U P O V A R B J
C R L W O H S N O I T O N U
L O I A Y D O B A E P T Y D
E D L A I I C R E A T E C G
N S E L H R S T I P E N D E
A C L S E L E C T A B R T D
P K A E I C T T F R L E I Y
H F I R D G T I A T P N T L
F B R O I O N I M M T I S F
A U K C K A M G O E U L T E
B D I S L M A C R N S D E U
R G S I U R R V E T N A K L
I E S N M A I G B M A E C B
C T I E E E N M I N E D A J
S T N W W I N N E R J H J G
Y T I L A E R U N W A Y T I
```

Solution on Page 280

ALICE

ANGIE

BARETTA

BARNABY JONES

BARNEY MILLER

BENSON

CANNON

CARTER COUNTRY

CIRCLE OF FEAR

COLUMBO

DANCE FEVER

FAMILY FEUD

FANTASY ISLAND

FAWLTY TOWERS

FISH

FLASH GORDON

GONG SHOW

KOJAK

NEW ZOO REVUE

PASSWORD PLUS

PHYLLIS

ROPERS

SNEAK PREVIEWS

SOUL TRAIN

TABITHA

WORKING STIFFS

```
P E U V E R O O Z W E N C T
A N O D R O G H S A L F C E
S C I R C L E O F F E A R T
S I L L Y H P P S Y R N A Q
W O H S G N O G W T F T D F
O R E L L I M Y E N R A B A
R C E C I L A R I H N S D W
D E O J K H C A V C S Y U L
P I W L T O R D E A B I E T
L G T I U T J F R N A S F Y
U N B N L M E A P N R L Y T
S A T U O V B T K O E A L O
T R O P E R S O A N T N I W
Y S Y R N O S N E B T D M E
S E N O J Y B A N R A B A R
L W O R K I N G S T I F F S
```

Solution on Page 281

AMBITIOUS	LSAT
ARREST	MARIJUANA
AWARDS	MENTOR
BAR	MERGER
CASES	MURDER
CELLMATE	NYC
DANIEL	PARTNER
DEALER	POSITION
DISCOVER	PRACTICE
DRAMA	RACHEL
DROPOUT	RESIGN
EVIDENCE	SECRET
FICTIONAL	TAKEOVER
FIRM	THERAPIST
FRAUD	THREAT
HARVEY	TRIAL
JAIL	TRUTH
JESSICA	WEDDING
LAW	
LEGAL	
LICENSE	
LOUIS	

```
T R E S I G N C A S E S B M
S E D A N I E L L J D H E J
I D U R L U Y P A R T N E R
P R A R E D R I A U T S P D
A U R E H A L W R O S O R R
R M F S C A A T R I S O E A
E N B T A K N L C I P V S M
H Y I I R E E A T O O M N A
T C R L T G V I U C G R E R
E L E H A I O T S J N I C E
R O V L A N O I T C I F I G
C U O A L R D U J L D R L R
E I E W X M V W S S D A A E
S S K R E L A E D A E B I M
E T A E R H T T Y T W H R G
P E T G E V I D E N C E T X
```

Solution on Page 281

ABBY	LAW
ACTION	LEON
AGENTS	MARINE
ANALYST	MEDICAL
ANTHONY	NAVY
CAITLIN	OFFICER
CBS	PERSONNEL
CLIPS	POLICE
CRIME	PROCEDURAL
DETECTIVE	PUNISH
DIRECTOR	RATINGS
DRAMA	RESPONSE
DUCKY	SECRET
ELEANOR	SEGMENT
ELITE	SERVICE
EXAMINER	TEAM
FELONIES	TIMOTHY
FICTIONAL	ZIVA
HIT	
JAG	
JENNY	
JIMMY	

```
I E R C L I P S E C R E T D
N D E C I V R E S Y N N E J
O E C I L O P C P U N I S H
I D I L A R U D E C O R P V
T S F P Y N A V Y B B A E T
C E F I C T I O N A L M R I
A I O R O T C E R I D K S M
M N E W C B X J I M M Y O O
A O A E S A E S E G M E N T
R L T L M E D I C A L A N H
D E M I Y R E S P O N S E Y
D F N A H S G N I T A R L E
J E A G E N T S H E N O E L
R A V I Z T R O N A E L E I
O V G U A M N I L T I A C T
D D U C K Y Y C R I M E N E
```

Solution on Page 281

BLOOD

BOBBY

BROTHERHOOD

CASTIEL

DEAN

DEMON

DESTINY

ERIC KRIPKE

FIGHTING

GHOST

GUNSHOT

INVESTIGATION

JENSEN ACKLES

JIM BEAVER

KILLER

LUCIFER

MACABRE

MADNESS

MARY

MAX BANES

MEMORY

MISHA COLLINS

MONSTERS

NOVAK

ROWENA

RUBY

SAM

SCREAM

SINGER

SPELL

SPIRIT

SUPERNATURAL

VESSEL

VINCE

WRATH

```
J E S N I L L O C A H S I M
V Z R E F I C U L E S S E V
D D I B L S E N A B X A M T
E N O V A K C W D R E R C R
S M E G R C C E M O C O A E
T E K N U K A A O T N W S V
I M P I T N K M N H I E T A
N O I T A G I T S E V N I E
Y R R H N H L O T R S A E B
B Y K G R O L H E H S N L M
B R C I E S E S R O E O E I
O A I F P T R N S O N M G J
B M R X U Y B U R D D E U P
L L E P S I N G E R A D J J
T I R I P S C R E A M A S V
H T A R W D B L O O D P H J
```

Solution on Page 281

ADDICT

ADOPTED

ART

BERGSTEIN

BRIANNA

BUD

BYRON

COMEDY

COPE

COSMETICS

COYOTE

DAUGHTER

DIVORCE

DOCTOR

DRAMA

FRANCES

FRIENDS

GUY

HIPPIE

HUSBANDS

JACOB

JANE FONDA

LAWYERS

LEAVING

LOVE

MALLORY

MITCH

NEIGHBOR

NETFLIX

NURSE

PETER

PHIL

ROBERT

SAN DIEGO

SOL

STUDENT

TEACHER

WATERSTON

WIVES

WOMEN

```
Z I P D U B F R A N C E S A
J T N E D U T S S J S C D E
A R G T T R B R E R I D N N
C E U P A E E C U T I A A E
O B Y O L Y R N E C D A B T
B O S D W O G M T N M C S O
Y R V A V I S P O A O A U Y
R A L I N O T F R P W N H O
O E D O C D E D E A S N D C
N X X E V N I G T K E A O O
E U I K A E N E H I V I C M
M R L J H I R I G T I R T E
O P F C V S P H U O W B O D
W H T A T P B M A L L O R Y
V I E O I O P S D N E I R F
M L N E R E H C A E T B A E
```

Solution on Page 282

ADVERTISING	RATINGS
AGE RANGE	RESEARCH
ANALYSIS	SAMPLES
AREA	SETS
AUDIENCE	STATISTICS
BROADCAST	SWEEPS
CALCULATED	SYSTEM
COMPOSITION	TARGET
DEMOGRAPHIC	VIEWER
DIARIES	WATCHING
DIGITAL	
ESTIMATE	
HOME	
HOUSEHOLDS	
MARKET	
MEASUREMENT	
METERS	
METROPOLITAN	
MODELS	
NETWORK	
NIELSEN	
POINTS	

```
S R E T E M H C R A E S E R
L A D E T A L U C L A C T K
E T V D S E C N E I D U A R
D I I E A N J L G R V M M O
O N E M C O K S N S E E I W
M G W O D I S D A T R A T T
A S E G A T E L R A T S S E
P I R R O I L O E T I U E N
W S D A R S P H G I S R I I
A Y I P B O M E A S I E R E
T L G H L P A S P T N M A L
C A I I A M S U O I G E I S
H N T C E O H O I C T N D E
I A A W R C T H N S E T S N
N P L M A R K E T A R G E T
G H O M E T S Y S P E E W S
```

Solution on Page 282

ABC	LIDO
ACCLAIM	LUCY
ADVERTISING	MOTHER
ANESTHESIOLOGIST	NANNY
AWARDS	NERD
BIRACIAL	POPS
BOW	RHONDA
CHARLIE	RUBY
CHILDHOOD	SHA
COMEDY	SITCOM
CULTURE	SON
DAUGHTER	STEVENS
DIANE	TEENAGER
DRE	TWIN
EXECUTIVE	URBAN
FAMILY	VIVIAN
FATHER	WIFE
GIGI	ZOEY
JACK	
JANINE	
JUNIOR	
LESLIE	

```
D P N V I V I V I A N V Q E
Y P O P S T E V E N S H A F
G G C E E M O T H E R S Y I
N I B N X S O M D S J D D W
E G A I Y E C U L T U R E W
R I D N R F C D D H N A M N
D B N A A A J U E E I W O S
V A O T C A C I T S W A C B
N L H W C O L I S I T C O M
L E R K L R Y Q A O V S D N
R S I D A L Y C U L N E I A
O L C H I L D H O O D K L B
I I C M M R E T H G U A D R
N E A B I D J A N I N E P U
U F A D V E R T I S I N G B
J H R E G A N E E T Z O E Y
```

Solution on Page 282

AFTERMATH	MONEY
ATWOOD	NAME
BIBLE	POLLUTION
CHAOS	POWER
CHILDREN	PREGNANT
CIVIL WAR	PROPER
CONTROL	READ
DAUGHTER	REGIME
ELITE	RULE
FANATIC	SCRUTINY
FERTILE	SERENA
FRED	SOCIAL
FUTURE	STD
GILEAD	SUBMIT
GOVERNMENT	WATERFORDS
HANDMAID	WIVES
HOMES	WOMEN
HULU	WORK
IDENTITY	
JUNE	
LAW	
LEADERS	

```
H O M E S E R E N A M E N A
Y J Y H P R O P E R E W O P
Q U T A D A E R U T U F E D
D O I N N E R D L I H C P K
B S T D E W R A A G W H O F
I J N M H M Z F W E E A L A
B F E A U T N D A L L O L N
L E D I J J A R T W I S U A
E R I D C U D M E I T V T T
M T N R G O N D R V E M I I
I I U H O M N E F E O N O C
G L T W O R K T O S T G N W
E E T N A N G E R P J F W O
R A E G I L E A D O W X A M
D Y N I T U R C S U L U H E
S O C I A L T I M B U S J N
```

Solution on Page 282

ACCOLADES	PARENTS
ADOPT	PARTNER
BIRTHDAY	PAST
BLACK	PEARSON
BROTHER	PEOPLE
DAUGHTER	PRESENT
DIFFERENT	RANDALL
DRAMA	REBECCA
FAMILY	SIBLINGS
FATHER	SIMILAR
FOGELMAN	SISTER
FRIENDS	SOPHIE
HOSPITAL	TOBY
HUERTAS	TRIPLET
HUSBAND	WEIGHT
JACK	WIFE
KATE	WILLIAM
KEVIN	YVETTE
LIVES	
MOTHER	
NBC	
NEWBORN	

```
E L P O E P B S N I V E K G
Y V E T T E T R A N D A L L
I P A S T N O M O E F I W W
A A C C E B E R E T S I S I
F M B R W D S S R A H R T L
A N A E G I A F E K B E F L
M P N R M F T L F R Z T R I
I O S I D F H S O K P H I A
L P L J L E G I G C K G E M
Y A D H T R I B E A C U N K
R R T L R E E L L L A A D E
E T P I I N W I M B J D S I
H N O V P T D N A B S U H H
T E D E L S K G N Y B O T P
O R A S E N O S R A E P A O
M R E H T A F H U E R T A S
```

Solution on Page 283

ACTOR

ALBUM

BETTER THINGS

CAREER

COMEDIAN

DAUGHTERS

DIRECTOR

DIVORCED

EDITOR

EMMYS

FX NETWORKS

HBO

HUMOR

LUCKY LOUIE

OBSERVATIONAL

OH MY GOD

PARENTING

PEABODY

PERFORMER

PIG NEWTON

POOTIE TANG

PRODUCER

ROLE

SATIRE

SHAMELESS

SHOWS

SITCOM

SNL

SPECIALS

STAR

TBS

THE COPS

TOMORROW NIGHT

VOICE

WEB

WRITER

```
S P R O D U C E R F D S T E
S N P R O L E R X A T H S S
E B L O V B E N U A G P I L
L B T T O E E G R I D E T A
E A G C R T H W N I N A C I
M L N A W T I W R R O B O C
A U C O E E O E O U T O M E
H C R R I R C M T G W D E P
S K S V R T U R N A E Y D S
S Y V O O H A I O R N O I P
R L M R O I T V I T G G A O
E O U M K N C T R Y I J N C
T U B X E G A E M E P D T E
I I L R G S S H O W S O E H
R E A D I V O R C E D B V T
W P E R F O R M E R X H O I
```

Solution on Page 283

ABC	FIRM
AFFAIR	FRANK
ANNALISE	GUILT
ASSOCIATE	HAPSTALL
AWARDS	HTGAWM
BODY	INTERN
BONNIE	KILLED
CALEB	LAW
CATHERINE	MURDER
CLIENTS	MYSTERY
CONNOR	PLOT
CRIMINAL	POLICE
DEAD	PROFESSOR
DECEPTION	SAM
DEFENSE	SECRETS
DETECTIVE	SHOT
DIED	STUDENTS
DRAMA	WES
EMILY	
EVENTS	
FATHER	
FEAR	

```
P N F I Y H M W A G T H B V
L A N I M I R C D Q A O N T
O F S X N B W I Z P D R R O
T F G S Y R E T S Y M W E H
S A B U O D S T N E D U T S
T I O R I C A T H E R I N E
E R N P O L I C E F D O I S
R M N D L S T A B E I N Q I
C L I E N T S M T T G R T L
E B E L A C Y E P E R W M A
S S S L Y B C E F C E W W N
D A N I A T C V R O D O F N
R M E K I E R E A N R E E A
A A F V D L G N N N U P A B
W R E H T A F T K O M V R D
A D D S E W P S A R R S T I
```

Solution on Page 283

ABC	OUT
AGREEMENT	PLAYERS
BROADCAST	PROFESSIONAL
BULL PEN	REDS
BUNT	RIGHTS
BUSINESS	SEASONS
CBS	SHORTSTOP
CHEER	TAG
COMMISSIONER	TEAMS
CONTRACTS	TELECASTS
CUBS	TRIPLE
DIZZY DEAN	VICTORY
DODGERS	WORLD SERIES
ESPN	
EXCLUSIVE	
FOX	
GLOVE	
INNINGS	
LEAGUE	
MLB	
NBC	
NETWORK	

```
I T C D L K X N W J U G C K
B N U T V R K L M L B H O V
G U B H E L E A G U E U D V
L B S T S A C E L E T I S I
O E P I S J M L R J Z E H C
V V F R N A P S C Z I N O T
E I K E O E C B Y R N N R O
D S R D N F S D E F T P T R
O U O S C Y E S A R V X S Y
D L W E B A D S A O O H T E
G C T A N L G C S F R A O L
E X E S R N T T D I G B P P
R E N O I S S I M M O C S I
S X W N A G R E E M E N T R
J M N S T H G I R R M A A T
K I N I I Y P L A Y E R S L
```

Solution on Page 283

AFFAIRS

BIG LITTLE LIES

BILLIONS

BLOODLINE

BREAKING BAD

CINEMATIC

DESPERATION

DEXTER

ENTERTAINMENT

FARGO

FEUD

GAME OF THRONES

GOOD

HOUSE OF CARDS

JUSTIFIED

LEFTOVERS

LOST

MAD MEN

NOVEL

OUTLANDER

PILOT

PROTAGONIST

THE OA

TRANSPARENT

TRUE BLOOD

TRUE DETECTIVE

WALKING DEAD

WESTWORLD

YOUNG POPE

```
C I T A M E N I C F T B L A
D E S P E R A T I O N R B O
J U S T I F I E D R E E I E
S E N O R H T F O E M A G H
R D V P R E T X E D N K L T
E A R I R L E V O N I I I R
V E D A T O L I P A A N T A
O D Y L C C T S O L T G T N
T G S O R F E A L T R B L S
F N R N U O O T G U E A E P
E I I E O N W E E O T D L A
L K A M D I G T S D N M I R
D L F D C O L P S U E I E E
U A F A R G O L O E O U S N
E W A M R C J G I P W H R T
F E N I L D O O L B E U R T
```

Solution on Page 284

ARAM	MASTER
BLACK SITE	MEERA
BODYGUARD	MOSSAD
COMPROMISE	NAVY
COMPUTER	NBC
CONDITIONS	OFFICER
CONFIDANTE	PROFILER
COOPER	RED
CRIME	ROOKIE
DANGEROUS	SAMAR
DEMBE	SUCCESS
DEVIOUS	TASK FORCE
DONALD	TEAM
ELIZABETH	TERRORISTS
ELUDING	THRILLER
FBI	TOM KEEN
FUGITIVES	TRACKING
GLOBAL	
IMMUNITY	
INFORM	
INTEGRITY	
LIST	

G M A S T E R R O R I S T S
N M R O F N I L Y V A N C E
I B S S E C C U S N D O M V
K R C T Y T I N U M M I R I
C E R E C I F F O P R T E T
A P T A S K F O R C E I L I
R O O K I E H O E I H D I G
T O B L B T M L G N T N F U
H C O N F I D A N T E O O F
R O D E S S E B A E B C R G
I M Y E A K V O D G A T P N
L P G K M C I L E R Z S A I
L U U M A A O G M I I I R D
E T A O R L U R B T L L E U
R E R T A B S E E Y E U E L
T R D O N A L D A S S O M E

Solution on Page 284

ARTHUR	NOTARO
BALL	PERLMAN
BAMFORD	POEHLER
BARR	POUNDSTONE
BEE	RAE
BURKE	RIVERS
CHLUMSKY	SCHUMER
CURTIN	SILVERMAN
DAVIS	STAPLETON
DEGENERES	SYKES
DILLER	TEIGEN
DUNN	TOMLIN
FEY	ULLMAN
GAROFALO	WHITE
GETTY	
GLAZER	
HANDLER	
HART	
JACOBSEN	
KALING	
KUDROW	
LEACHMAN	

```
N W D E G E N E R E S P W N
V G P E R L M A N N U D S A
B A O N E S B O C A J T T M
T R A H N O T A R O A G G L
F O C H Y S O X L P S N F L
Z F H A D D L A L L I R B U
H A L N A M R E V L I S X P
U L U D Z R T O A O O R O T
O O M L N O T K F C E E B E
P N S E N D Y H G M H A H I
S I K R I A Y D U L A M E G
E L Y E T V U H E R A B A E
K M B L R I C R M K M Z R N
Y O A L U S R E V I R F E Y
S T R I C I G E T T Y U G R
W O R D U K W H I T E D B F
```

Solution on Page 284

AGENT	MISCHA
BUG	MURDERS
CHILDREN	NADEZHDA
CIA	NEIGHBOR
COLD WAR	NINA
COUPLE	OFFICERS
DAUGHTER	PAIGE
DEAD DROP	PHILIP
DEFECTOR	PROTOCOLS
DRAMA	REAGAN
ELIZABETH	RELATIONS
EMBASSY	SLEEPER
FAMILY	SON
FBI	SPY
FRANK	STAN
HENRY	THRILLER
HISTORICAL	USSR
IDENTITIES	VIRGINIA
INFORMANT	
KGB	
KIDS	
MARRIED	

```
H E N R Y R O B H G I E N K
M P H I L I P T S U L I C R
U O F F I C E R S P D A H E
R D Q L M B A S U E G A I L
D N A G A E R O N E F M L L
E P Z Z F C C T N O S A D I
R Q I S N O I T A L E R R R
S L O C O T O R P L A D E H
E M Y B I I N F O R M A N T
M A P E G I A P R T I I G F
B R S D I K B P D K S N B R
A R O T C E F E D L C I W A
S I F C O L D W A R H G H N
S E D A U G H T E R A R U K
Y D N A D E Z H D A N I N B
J N A T S L E E P E R V C U
```

Solution on Page 284

ALEX	LARRY
ARREST	LITCHFIELD
AWARDS	MONEY
BACKSTORY	NETFLIX
BIG BOO	NICKY
BRUTALITY	NYC
COMEDY	OFFICER
CONVICTED	OITNB
CORRECTIONS	PASTS
CORRUPTION	PRISON
CRAZY EYES	SAM
DAYA	SENTENCED
DISRUPTS	SMUGGLER
DRAMA	STRUGGLES
DRUG	SURVIVE
EVENTS	TAYSTEE
FLACA	
GLORIA	
GUARDS	
INDICTMENT	
INMATES	
JOE CAPUTO	

```
N I C K Y R J P Y A M A R D
A Y D R U G U A R D S N Y C
C O E L I T C H F I E L D A
A O B N I N M A T E S M Y B
L B R J O E C A P U T O O A
F G U R X M A W A R D S N C
E I T D E T C I V N O C D K
V B A B A C R A Z Y E Y E S
I E L N O I T P U R R O C T
V E I T R D X I L F T E N O
R T T I E N G L O R I A E R
U S Y O C I E V E N T S T Y
S Y R D I S R U P T S K N E
A A R A F S T R U G G L E S
M T A Y F R E L G G U M S B
X E L A O A R R E S T S A P
```

Solution on Page 285

ACCUSED	HIRED
ACQUIT	JURY
ANALYSIS	KILLER
ARGUMENT	LAWYERS
BENNY	LIBERTY
CABLE	MARISSA
CBS	NUNNELLY
CHARGES	ODDS
CHUNK	PILOT
CLIENTS	POLICE
COUNSEL	SCIENCE
DANNY	SELECT
DECIDE	SETTLE
DEFEND	STYLIST
DIANA	TAC
DIVORCED	TEAM
DRAMA	TRIAL
EMPLOYEES	WIN
EXPERT	
FIRM	
FIXER	
HACKER	

```
P B Y P I L O T A N A I D T
U E L B A C Y B C M D N A S
K N M K N U H C R E E C N I
I N W A F T O I C F L S N L
L Y E I C U F R E A T E Y Y
L I X E N Q O D I N A T S T
E E P S C V U R E J R T N S
R M E D I I T I U S G L G R
E L R D O S L R T L U E D E
K I T O Y C Y O E K M C E Y
C B S E E Y O L P M E H C W
A E N A S S I R A M N A I A
H R Y L L E N N U N T R D L
E T H I R E D R A M A G E T
X Y A L B S C I E N C E R X
Y D Y T E A M U Z W R S B C
```

Solution on Page 285

AFFAIR	MARRIAGE
BONNIE	MINISERIES
CAR CRASH	MONTEREY
CELESTE	MOTHER
CHILDREN	MURDER
COMEDY	NATHAN
COMMUNITY	NOVEL
DARK	PERRY WRIGHT
DRAMA	POLICE
ED MACKENZIE	RAISING
FACEBOOK	RENATA
GORDON	SCHOOL
GUN	SON
HBO	TWINS
HUSBAND	VIOLENCE
JANE	WIFE
KELLEY	WITHERSPOON
KIDMAN	ZIGGY
KLEIN	
LAURA DERN	
LAWYER	
LIFE	

```
K L E I N O V E L T W I N S
E F I L R Q R C O M E D Y Z
C A R C R A S H Z S I P E M
O E T S E L E C M C N M L U
M E G N I S I A R H N O L R
M W I T H E R S P O O N E D
U A I B H U E Z S O B T K E
N T O R D G S G I L A E O R
I A C E R O I B A G F R O E
T N H H A R N R A I G E B Y
Y E I T M D I E W N R Y E W
Q R L O A O M E N Y D R C A
K I D M A N R E D A R U A L
G Q R I A F F A R N J R F M
K U E D M A C K E N Z I E W
E C N E L O I V E C I L O P
```

ANOTHER WORLD

BATMAN

BIRDMAN

CANDID CAMERA

F TROOP

FAMILY AFFAIR

FELIX THE CAT

GET SMART

GIDGET

GO GO GOPHERS

HAZEL

HONEY WEST

I SPY

LOOPY DE LOOP

LOST IN SPACE

MEDICAL CENTER

MOD SQUAD

MY THREE SONS

THE ALVIN SHOW

THE FLYING NUN

THE JETSONS

THE LUCY SHOW

THE MATCH GAME

UNDERDOG

```
W S S N O S T E J E H T T W
R R G U N D E R D O G A O Z
N E E N P O O R T F C H F F
C H T G I D G E T E S D A L
A P S N L E Z A H N L M O E
N O M I E T L T I R I O M C
D G A Y L C X V O L P A O A
I O R L K I L W Y Y G T D P
D G T F L A R A D H N S S S
C O Z E E E F E C A Z E Q N
A G F H H F L T M I O W U I
M J T T A O A T B H D Y A T
E G O I O M A I S P Y E D S
R N R P E B I R D M A N M O
A B T H E L U C Y S H O W L
M Y T H R E E S O N S H K R
```

Solution on Page 285

ADLON

CONCERT

DATE

DAUGHTERS

DINNER

DIVORCED

DUCHOVNY

DUKE

FEVER

FIRE ALARM

FRANKIE

FRIEND

GIRLS

HUBBY

JEFF

JOY

LIFE

MAX

MEN

MOM

NEXT DOOR

PHYLLIS

PREGNANT

RICH

SAM FOX

SCHOOL

SISTER

SUNNY

TINDER

TRESSA

WORK

236

```
K R O W W Y N N U S E Z M D
H F E V A B B K J Y T A A U
H C T T H B Q B W Z L T D T
L R I L S E H D U K E W L R
P H N R S I L L Y H P D O E
O T D S Q O S L D R U O N C
Z R E Y O W W Q E C D F M N
X E R H D A U G H T E R S O
K S C E J A N O X S A A I C
X S I P N A V E L L Y N Z C
N A K B N N N R A G F K Q F
K Z M T Y S I E D N E I R F
B O B Y Y G R D M W V E X E
M N H Z D I V O R C E D F J
I S A M F O X Y Z Q R I M O
C Q Z Z J V Y G X E L T I Y
```

Solution on Page 286

AFFAIR	NEW YORK
AGING	NICK
ALUMNI	PARTY
AMBITIOUS	SAM
CLUMSY	STOLLER
COLLEGE	TRUST FUND
COMEDY	TURNER
DEGRASSO	UNEMPLOYED
DESIGNER	WEALTHY
ETHAN	WIFE
FELIX	WRITER
FINANCE	YA AUTHOR
GROUP	YOGA
HARVARD	
HIPPIE	
HUSBAND	
INTERTWINED	
JOHN	
LAWYER	
LITERARY AGENT	
MAX	
NETFLIX	

238

```
K K R D R A V R A H H W R J
N H W R E L L O T S M R E L
H U S B A N D N H O J I N A
I S U O I T I B M A S T R W
N I C K R O Y W E N V E U Y
M U A R D N U F T S U R T E
U X N E I P P I H R D X T R
L I T E R A R Y A G E N T E
A L E V M E F I W T G T N N
G E C W C P A F K C R Y N G
I F N E L E L C A O A G E I
N Y A A U T H O R L S R T S
G T N L M H D M Y L S O F E
X R I T S A W E X E O U L D
N A F H Y N N D W G D P I M
X P M Y O G A Y H E J P X C
```

Solution on Page 286

ANNOUNCER

BASEBALL

BASKETBALL

BOXING

BROADCAST

CHAMPIONSHIP

COLLEGE

COMMENTARY

COMMERCIAL

CRICKET

DEDICATION

ESPN

FOOTBALL

GAME

GOLF

GYMNASTICS

HOCKEY

LIVE

LOGO

MASCOT

NASCAR

PENNANT

RACING

RECAP

REPLAY

RIVALRY

SHOUTING

SNOWBOARDING

SOCCER

SOCIAL

SUPPORT

TEAM

TRACK

VOLLEYBALL

WATCH

```
T S A C D A O R B F L O G O
E C R E C C O S G L E O M R
K I N M A E T N A N N E P I
C T R A C K D B E V I L F V
I S E G N I T U O H S C P A
R A C O C O M M E R C I A L
C N N L O Y E K C O H T Y R
L M U F L L A B E S A B A Y
A Y O C O M M E N T A R Y W
I G N I D R A O B W O N S R
C N N E N O I T A C I D E D
O I A S U P P O R T W P S P
S X K S M A S C O T L J P A
O O B A S K E T B A L L N C
N B H V O L L E Y B A L L E
D C O L L E G E N A S C A R
```

Solution on Page 286

ACCUSED

ALISON

ANDREA

ATTORNEY

CALVIN

CASE

COLLEGE

CPA

CRIME

DETECTIVE

DRIVER

FATHER

FREDDY

HBO

HELEN

JUDGE

KATZ

KHAN

KLEIN

LAWRENCE

LAWYER

MURDER

NAZ

NYC

OFFICER

PAKISTANI

POLICE

PRISONER

QUEENS

RAY

ROTH

SAFAR

SALIM

SERGEANT

STUDENT

TARIQ

TAXI

TURTURRO

VICTIM

WIGGINS

```
T A R I Q R X J N T W X I H
E U P E O B H B A B G J Y N
G N R T P R I S O N E R E I
E Y H T N E D U T S V F N V
L C Y M U R D E R N I A R L
L R N S E R G E A N T T O A
O C R E V I R D W S C H T C
C A N D R E A O I A E E T Y
Y R D J E W A K G F T R A N
D E S U C C A L G A E R V I
D Y N D I P Q L I R D I G E
E W E G F E O K N S C I M L
R A E E F D E L S T O I T K
F L U N O S A L I M R N N A
A C Q N A H K M X C I X A T
B A P C I Y X N E L E H Z Z
```

Solution on Page 286

ADVICE

AMUSING

ANOTHER WORLD

BIOGRAPHIES

COMMERCIALS

COURT

ENTERTAINMENT

EXTRA

GAME SHOWS

GUIDING LIGHT

HOSTS

HOT BENCH

HOUSEWIFE

INSIDE EDITION

INSTRUCTIONAL

INTEREST

JUDGE JUDY

MORNING

NEWS

PUBLIC AFFAIRS

RELATIONSHIPS

REPEATS

RERUNS

SERIES

SESAME STREET

SUSAN LUCCI

```
S P I H S N O I T A L E R X
I H C N E B T O H M N K T M
I N L G C S E C G U S Y S A
C C S N I E E O I S T D E S
C D T I V I R U L I A U R E
U L S N D R T R G N E J E I
L R O R A E S T N G P E T H
N O H O U S E W I F E G N P
A W M M Q B M D D I R D I A
S R I A F F A C I L B U P R
U E X T R A S F U T B J S G
S H S N U R E R G C I G W O
U T S W O H S E M A G O E I
C O M M E R C I A L S A N B
T N E M N I A T R E T N E B
L A N O I T C U R T S N I W
```

Solution on Page 287

ACTION

ADVENTURE

BLANKET

BLOCKBUSTER

CARTOON

COMEDY

COUCH

CREDITS

CRIME

DARK

DOCUMENTARY

DRAMA

DRINKS

ENTERTAINMENT

EPIC

FAMILY

FANTASY

FEATURE

FILM

FRIENDS

FUN

HORROR

MUSICAL

MYSTERY

PICTURE

POPCORN

PROJECTOR

RELAX

RENTAL

ROMANCE

SCARY

SHOW

SNACKS

SODA

SPACE OPERA

TELEVISION

THRILLER

WESTERN

```
H C U O C Z T H R I L L E R
U F A M I L Y R O M A N C E
C B N D O C U M E N T A R Y
A S O R X A L E R E S E F J
B D I A U I R O R K R E A S
L N S M F U C T N U E M N N
O E I A T P A I T H N I T A
C I V A O I R N O O T R A C
K R E P N D E O Y R A C S K
B F L M L V P A J T L M Y S
U U E D D H O C C E A Y D T
S N T A O R E T I K C S E I
T S E R U T C I P N I T M D
E H R K V G A O E A S E O E
R O S O D A P N T L U R C R
R W N R E T S E W B M Y A C
```

Solution on Page 287

ACTION	MAINFRAME
ANXIETY	MARINE
ARRESTED	MARRIED
CASES	MATH
CBS	MISSIONS
COMPLEX	PAIGE
COMPUTER	PROBLEM
DEFENSE	RALPH
DRAMA	RELATE
ENGINEER	SERVICE
EXPERT	SKILLS
FIX	SON
FRIENDS	SYLVESTER
GALLO	TEAM
GAMBLING	TECH
GENIUS	THREATS
GLOBAL	TOBY
GOVERNMENT	WALTER
HACKING	
HAPPY	
HELP	
INTERACT	

```
L A B O L G E A N X I E T Y
J R E L A T E G T H N H E P
O R E T L A W N N G P E C P
E M G T H T A M I I B L H A
N X E O U R A N O U K P A H
I T P L V P E R T H S C M R
R V J E B E M A R F N I A M
A D F G R O R O T E A M R H
M D R I T T R N C S S X R N
S I E A X E L P M O C T I O
E D S P M S Y L V E S T E R
R S N S G A M B L I N G D D
V O E E I N T E R A C T G Q
I N F S I O L L A G T O B Y
C S E F A R N O I T C A P X
E D D S B C F S L L I K S V
```

Solution on Page 287

ADVICE

ART BELL

AUDIENCE

CALLERS

CANDIDATES

CARSON DALY

CELEBRITY

CHAT

COMEDIANS

COMMENTATORS

CONTROVERSIAL

GUESTS

HOSTS

HOWARD STERN

INTERVENTION

ISSUE

JIMMY FALLON

JOURNALISTS

LIFESTYLE

LIVE

MEDICAL

MIKE DOUGLAS

NIGHT

OPRAH

PANEL

POLITICAL

SYNDICATED

THERAPISTS

TOPICS

250

```
X T T Y L A D N O S R A C I
S S O N R E T S D R A W O H
A N P U Q E S N C O T N H A
L A I S R E V O R T N O C U
G I C M C L S I O A S L W D
U D S E P Y E T L T N L X I
O E Y D C T T N S N K A L E
D M N I E S A E T E H F L N
E O D C L E D V S M H Y E C
K C I A E F I R I M A M B E
I I C L B I D E P O R M T L
M S A S R L N T A C P I R E
J S T S I L A N R U O J A N
G U E S T S C I E C I V D A
Z E D O Y N I G H T A H C P
S R E L L A C I T I L O P F
```

Solution on Page 287

ABC

AIDE

ASTRONOMY

ATHLETIC

ATTITUDE

BRITISH

CAMP

CHILD

CLAIRE

CLUB

DAUGHTER

DIMEO

DYLAN

EMPATHETIC

FAMILY

GROUNDSKEEPER

HILARITY

HOUSE

HUMOR

HUSBAND

JIMMY

MAYA

MILLER

MOTHER

NEW

PARTY

PERSONALITY

POINTER

POWERS

PRINCIPAL

RAY

SCHOOL

SITCOM

SUMMER

TAD

TESTS

UPSCALE

WHEELCHAIR

WIT

```
W O P A R T Y P M A C B A T
R I A H C L E E H W H F E E
E E T S C H O O L I S A L S
D R P R E L L I M N I M A T
I I E E M P A T H E T I C S
A Q M T E Y B I A W I L S R
M R O E H K M H R D R Y P E
Y E C P O G S O O E B A U W
M T T A R C U D N U Y R V O
M N I Y T I L A N O S R E P
I I S R R T N U D U R E C D
J O X E A E I C B L O T S Y
L P O M U L H T I M I R S L
J R O M U H I T U P A H G A
A M R U Q T S H O D A Y C N
F H U S B A N D T M E L A V
```

Solution on Page 288

ANIMANIACS

ANIMATED

BEETLEJUICE

BUGS BUNNY

CABLE

COLOR

EDUCATIONAL

ENJOY

ENTERTAIN

FAT ALBERT

GHOSTBUSTERS

KIM POSSIBLE

NICKELODEON

PBS KIDS

POPEYE

PROGRAMMING

RERUNS

RETRO TV

RICHIE RICH

ROAD RUNNER

SILLY

SPONGEBOB

STATION

SUPERHEROES

THUNDERCATS

TIME SLOT

TOM AND JERRY

TOP CAT

TOYS

```
E N B U G S B U N N Y L F C
L I O T H U N D E R C A T S
B A B O O P S I I F T N T C
A T E Y S E N C B A C O W A
C R G S T R U L L O M I G I
B E N R B H R B L A K T N N
E T O I U E E O N I O A I A
E N P C S R R D M L N C M M
T E S H T O J P S I K U M I
L Y I I E E O E M E U D A N
E E L E R S M A L M O E R A
J P L R S I T O P C A T G E
U O Y I T E D S T A T I O N
I P B C D E V T O R T E R J
C L B H O Q S D I K S B P O
E R E N N U R D A O R A J Y
```

Solution on Page 288

Answers

FAVORITE CHARACTERS

2017 EMMY NOMINATIONS

ANTIQUES ROADSHOW

THE VAMPIRE DIARIES

258

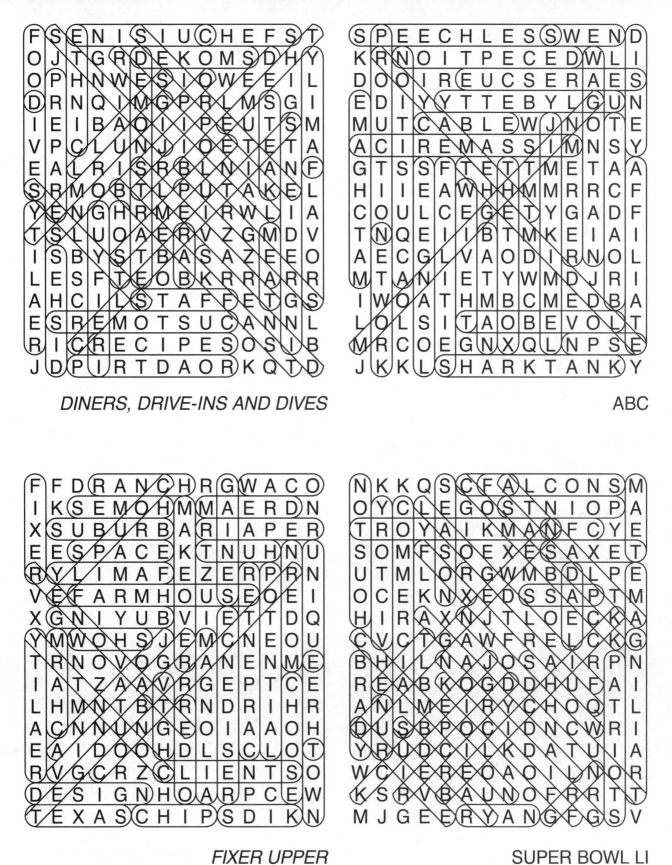

DINERS, DRIVE-INS AND DIVES

ABC

FIXER UPPER

SUPER BOWL LI

TRANSPARENT

DOCTOR WHO

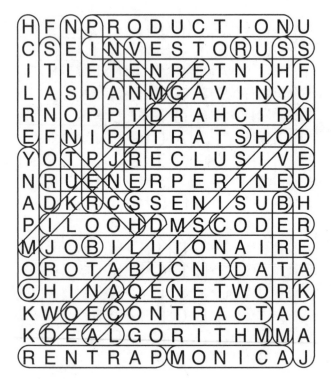

SILICON VALLEY

2016 PEABODY AWARD WINNERS

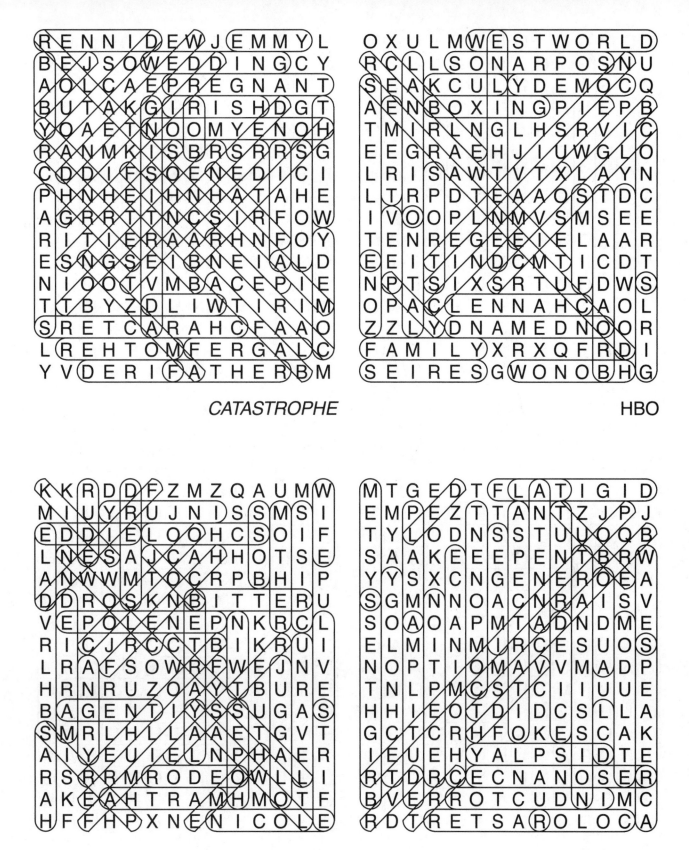

CATASTROPHE

HBO

BASKETS

TV TECHNOLOGY

Word search puzzle grids:

Grid 1
```
E M O S K O O R B N I R A D
V P R F M G B R Y D A R B L
O I E A J O R J T R I A L S
L I H D M R S O O Q A S A S W
I S W I E S T H N K H I Y O
T N O L Y T I I H N C E L S B
T O L Y H P E I R H R I O S
A I E E G Z R D G O T S Y O
D T L R U T I N T G O T F K
N A Y C A E E C E E N E R N
A L K P D P O N O S Y R I E
Y E B R O D Y H U T Z L E R
R R K A T E M I T Y A D N U
B L A T I P S O H N K J D A
T H P E T E R R E C K E L L
T R I B U L A T I O N S F N
```

DAYS OF OUR LIVES

Grid 2
```
F J E C I O V E H T C O P S
C O N F E S S I O N A L S E
P T G A C A F S A E M M N G
G R H A I M E R R L A Z S O D
E E O E T E H A D A Z E I U
N H S J N R C W E T I C T J
R T T W E I R E R S N A C L
E O H I R C E G S T G P S D
C R U P P A T A C S R A G A
A B N E P N S R O E A G E T
S G T O A I A O U T C N I N
H I E U E D M T R N E I N G
C B R T H O Y S T O W D I G
A V S L T L Y J A C K A S S
B I G G E S T L O S E R Y R
Y B D U C K D Y N A S T Y X
```

REALITY SHOWS

Grid 3
```
F C T T S G O O D G I R L S S
A H N I N A M R E T T E L T
M E D E M O G A C I H C M A
I E Y C P E C N G R I U A N
L R E I N O L R A M S R T L
Y S R T W W H E C T I E T E
T E O N T O T C S A S I L Y
I T T E F H H E N S U S A C
E A S R U S E S K E S A U U
S I R P M T B P Y G R R E P
G L E P V H R H R A F F R E
N I P A Q G A T S E D L O A
I F U E A I V N K V S O A C
W F S H O N E L Y A J S T O
F A C T S O F L I F E Z T C
P F I R S T D A T E S Q M K
```

NBC

Grid 4
```
G J F D U F F Y P Y O W Q Y
A F R E C I F F O A N N O D
B K I G B A S E U S S I L O
L E E A N I S B C K B T O O
E N N G T I L E Y K O G O G
A D D N E A D L S C J V H R
C R S E K L E D Y A D A C S
H A A I A V L B E J D U S I
U S D S N K R O W W O Q W T
R S D R E V I T C E T E D C
C E E E W F E S R U N P L O
H N N H Y R E T H G U A D M
D A M T O T N E D U T S W T
U V T A R E H T O R B S I O
O O E F K A N G E R G A F K
M E C I L O P G F H O M E G
```

KEVIN CAN WAIT

Word search solution grids.

STEPHEN COLBERT

```
M U S N A P D A E D N E W S
L C J A O O P I N I O N T T
N A A L R I O P A W A R D S
R R R T I C T R I F O O L E
E E S T H M A C D P Z F K U
T N E D N O P S E R R O C G
S I G A M E L R M L O L S C
E A M I U A C I O B E A B A
W T E L S C Y Y C V T T C M
H R N Y S I T N E D I S E R P
T E T S C O N G R E S S K A
R T S H A R X I K V M H W I
O N O O L A C I T I L O P G
N E H W T A L K S H O W C N
V E V E L Y N Y D O R A P T
S P U N D I T A U T H O R K
```

STEPHEN COLBERT

GLOW

```
R U T H F E M A L E T D C D
M A L L O R Y E A S J R A E
Y C M A R K T F L T W A R B
G T B T F O F B F R R M M B
Y R H S M A A L E U O A E I
D E B Y I C O S P G S S N E
E S O R S R T S N G E S E I
M S X C I L Y I N L N N T H
O H I A I T L I T I B O F T
C E N N S G A C R N L I L R
A W G U D H A N E G A T I A
M O D E C R R I N G T I X M
E L L K E I T H I I T D F B
O F N V S E I D A L C U G E
S U O E G R O G R H S A B R
J Y K C I V P S T U O Y R T
```

GLOW

UNBREAKABLE KIMMY SCHMIDT

```
T N R H N E T F L I X A U S
S A E F I L N R N V R C A I
D I V O R C E A I E D C R T
N L I M C D M C V E T L U C
E L R I S H T E P O A A S O
I I D K D I R P R N I I S M
R L I E M E A I D I G M O K
F N L Y N N P L S N N V T I
S X O D D Y A O O T I A R M
D R C I M D C D R N M N A M
A E K M Y J O B G T A A T Y
T H E R A P I S T S E I S T
I T D E T A M M O O R D E I
N O U B Y E F A N I T N R T
G M P U V A W A R D S I Z U
R E Y W A L I M E R O T S S
```

UNBREAKABLE KIMMY SCHMIDT

BASKETBALL

```
S L L U B E B S C O R E V O
L A E D Z M K U S S B C I F
A A S T W I Z N N O R B E L
N S N O I T I S O P W A W A
I E G O T C A R T N O C E H
F X A N I T S F O R W A R D
E P O E I S R I G H T S S N
R E S G F T S A C D A O R B
F N I A C I A E D O B F D A
D S S R V O M R F I P A S S
R I Y E W A L F L O T G B K
A V L V G P E L P A R I F E
F E A O N N I U E D Q P O T
T S N C S O L E U G A E L N
R P A E N A T D E F E N S E
Y N X S R E B O U N D R J T
```

BASKETBALL

```
R E L L I R H T P L B T G E
E K J U Y U C D K A U C H C
L A N O I T C N U F S Y D I
D A M A R D S E C R E T S R
N A R R A T I O N N W T D E
A I N N Q W P A R E N T S P
H V N S S A M O L O E U O I
C Y S A H L T G R E O L R E
E O L E E T G F N H I E O R
L L I Z A U A A O C H W K F
Y K K T M H G N E T F L I X
K A R S R E O M O T H E R D
L I E A G E M R E L S S E K
I B E R D L B J S T R O K E
E D T A O B B O J E T A F Z
S N V H S L O W R Y W B Q S
```

BLOODLINE

```
J H O F S T A D T E R A J F
M O V I E S H C E T L A C P
T R A M S H G M A T H W S E
J O H N N Y G A L E C K I N
M V G E L P U O C D R W M N
A V I W A O R O M A H A O Y
A Y C R D D C I O Y N R R N L
M L F E R O A R I E T R E E
B L R O F N G E E B C O L V
I E I N L D D A A S E T B E
A A E A A R S B M T S A E B
L G N R J I Y X A E D V R A
I U D D N A I D N I S E G L
K E S K O C O U C Y E L A K
T S I G O L O E G P L E I M
```

THE BIG BANG THEORY

```
W C Y W B Q W N H Y S R K V
A M O K S G Y F L B C V B X
Z D H W W T I H D C A Y M W
F A Q V W O N J Y E L U T W
T S R Q T P G W G N M E W E
J G F G F R U X F L C W A D
T D Z V X M Q T G W W I P H
L L Y Z B G O A C C C W S K
D Q G E O P L W W W L C I O
O E L W B I W K G F W V B M
L S S H Y Y Y O W O X E I P K
P X I L D O W W G S A P C V
A U W C M P U Y K V O W W O
I V P Y B F J F P H K O C E
W A H V T C A F T C A M T H
V X U M B V Y W F E K W E K
```

W CALL SIGNS

```
E Z D E U H U S B A N D U Y
W O R K H G D J O S A L E S
A N A I D N I R C K C E H Q
L W N M E E S I C L Y M R U
W L A I U O T I H O M E E A
S W R S N E R D L I H C H R
I F R C L B C P G N E E T R
T G A H R L M R E G N U O Y
C R T O N E A C C L A I M D
O A E O P D H B O B B F A E
M X D L U K E T T G C Z N M
S L L A H J D N O O J G A O
Z D T L I E V E T R O C G C
Y E I K N A R F R A B F E B
T F K K W B F A M I L Y R M
E B L A I C O S W I F E V L
```

THE MIDDLE

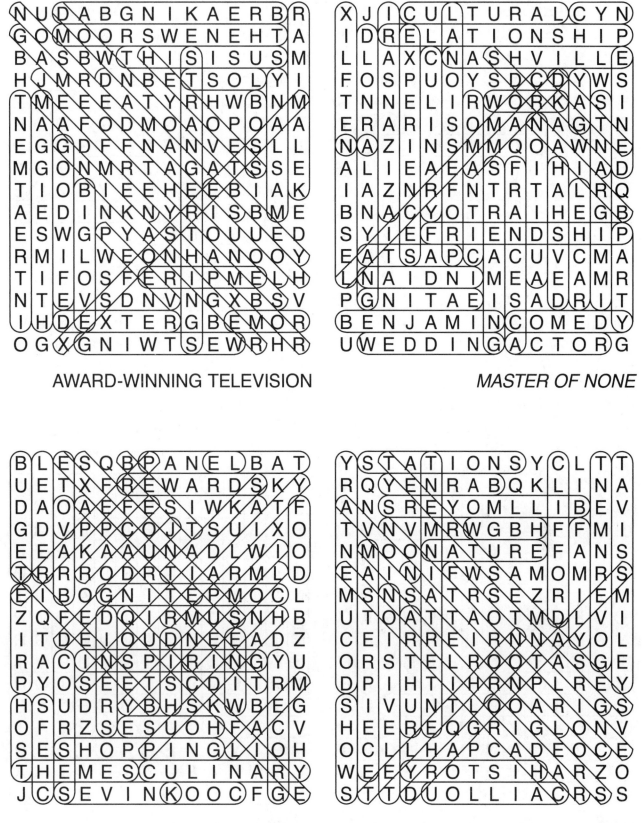

AWARD-WINNING TELEVISION

MASTER OF NONE

TOP CHEF

PBS

```
C G M D T R U T H C E T D M      D N A L O R E T S P I H Y N
A R A K E U P S S O B A J W      M B U A M M E U J E U Q F H
P G S Z R O O M T I N U U E      R A B G N I R O L P X E R Z
O I A D D Y A C R E S N D C      P G E S C V U S W R I T E T
W N S A N G P P T F N T G N      B F S T I J T S T D J N P R
E L N T G E Y T A A C A E I      S O S V T D N T D O I B O E
R T E I S C I M O C C D L R      B U I G Y E E E B Z R Q R P
S S E N W S I R E N L V N P      C N T U K C V J A C K I T X
E D N G A L N X F N D E I O      G D C O H D G U Y N Z E E E
I M U E Y A L E X A E N S L      F E O H O T A I N D O O R S
L D U E I B E N O I S T U I      D R M R S M R U V R S Y A T
L A D T F L U T H O R U O C      B L I C H I C A G O A N C H
A X R H S L A N I M I R C E      A F E E N X L L V H M G H E
E A A E B O S T E R C E S M      O N L I N E Q B A E T B E R
M M U C C A C T I O N R N L      D A T E F D R A U R L E L W
U R G W V H T S L W N G M Q      B R G Y F W L D C P K W R H
```

SUPERGIRL   THE GREAT INDOORS

```
D I K S E K O M S N U G V M      C O A C H A N T H O L O G Y
P W Y D D N U O S E R I K I      P S S U R T O M J C E I E T
A A L I V E F N T S C B A K      O A S E M I R C E A S D M U
R N V S H P R O G R A M O W      S B A S K E T B A L L N M P
E N A P T S A C D A O R B F      T C U S N V H C N I I E Y E
M E S L V T D H P A T Y O G      I A L E A I C A P E F I T D
A Z L A O H D R C T C B N Q      N N T N M T A P T O A R N I
C D E Y N G F O D U H Y A Q      G A C T A C R T T R C F I P
V T N G E N L M L B Q T N F      M I Y I R E O A E N C L C R
Z F N P L O F E E E R N Z P      E D I W D T L I M I U R H I
A B A I R D V T F A E A A E      X N H O M E I N V A S I O N
Z S H T R O W S N R A F U P      I I C B N D N S D G E G L C
F C C F L E O S I A C R I N      C L A I R T A T U A R T A I
U B X I O D M N E T W O R K      O R L V E T E R A N N E S P
S S T A T I O N S A F Z M W      B N M R A F D V I C T I M A
H D C R T V T P C J D Q F T      O L A G E L W Q S C H O O L
```

TELEVISION HISTORY   *AMERICAN CRIME*

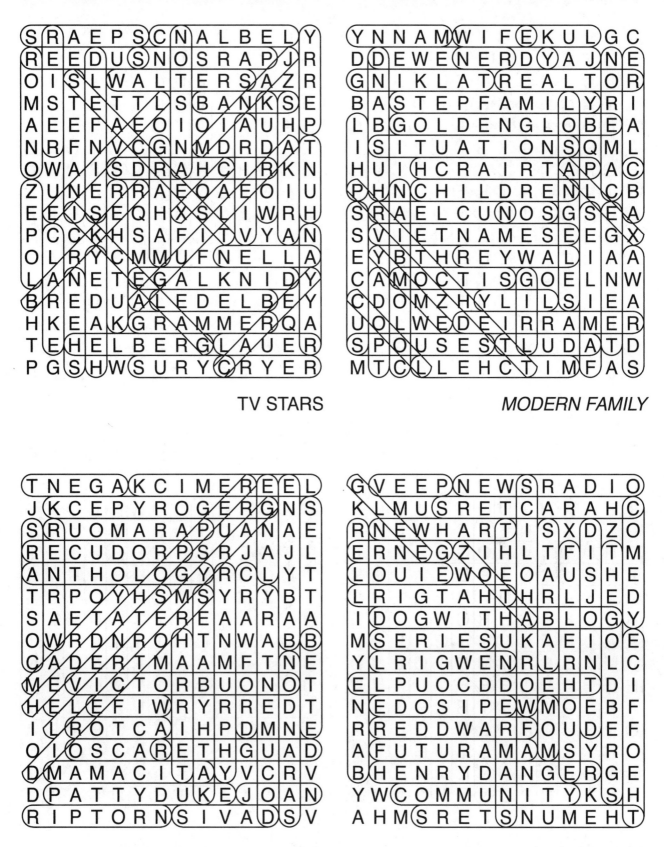

TV STARS

MODERN FAMILY

FEUD: BETTE AND JOAN

SITCOMS

```
T G V R M L U T D Q S E K G
R O C E V A S D N E I R F C
A L U F S S E R T S H A Y H
P Y N O I T C A J S Q U A D
E P D F A B D E A T H L Y D
T R R G N I K R O W L T O E
E O A O D K C I N I L C A S
R T M N B Y C E E A T M N U
O E A H O T D U Y O B U O O
E C G T J I M O R U D R I H
I T I N R C L O L T D D N E
V S G E A C H A U F F E U R
L M V R H D N A T C C R A I
Y E S I Q C M A T T H E W F
S O E S E U C S E R A C Y Y
N F O K Q X U T G A B B Y U
```

CHICAGO FIRE

```
S O L A C I N H C E T E S D
O P O G G K E A O T S D A R
U E C A E K M S N S T E X E
N R A F L L U S T I U S V C
D A T F A A T O R T N I L U
N T I E C I S C O R T G Y D
O O O R I C O I L A S N R O
R R N L G N C A R S I E R P
Y O Y I O A A T O S C R L P
H T L G L N S E O I I O L M
C C L H O I T G M S L T A A
A E O T N F I R O T B I G N
M R D I H M N I O A U D E A
E I M N C N G P B N P E L G
R D R G E X E C U T I V E E
A Q R O T A N I D R O O C R
```

TV CREW

```
B T K M A R I N E D A V I D
I B R A H I M A T H I S O N
P R I S O N E R S T M U H I
O R D Y T I R U C E S R P L
L E W I S N I P E R A V F R
A T N A E G R E S C O E N E
R O F F I C E R H N W I W B
A A D E F E C T I O N L V R
W M J J E D I F S I O L A O
H E E D M T E R I T D A R D
A R S A I W I I R A R N G Y
Q I S Z T T R E H B O C I G
Q C I K W T R N C O G E L D
A A C B O J A D T R X C I A
N S A U H P C C Y P F V S N
I G A N S A U L K T N E G A
```

HOMELAND

```
N E P O T N E I N E V N O C
B G S R R V D O W N L O A D
T L I T O I N O I T C A M I
T C O E R D G F E E D I E S
I C O C R E U I I R V D M C
L S E M K O A C N T D E B S
N A E L P B F M T A N M E D
H O N I E U U I I I L E R I
C P I O H S T S L N O S S N
O O L S I P G E T M G N H S
L A N O I T A N R E T N I T
J S O T D V A R I N R I P A
Q U E U E N E C G T M S O N
S W O H S N A L U O S A T T
R E N T A L T R E D I A I Y
B A N D W I D T H T E B H L
```

NETFLIX

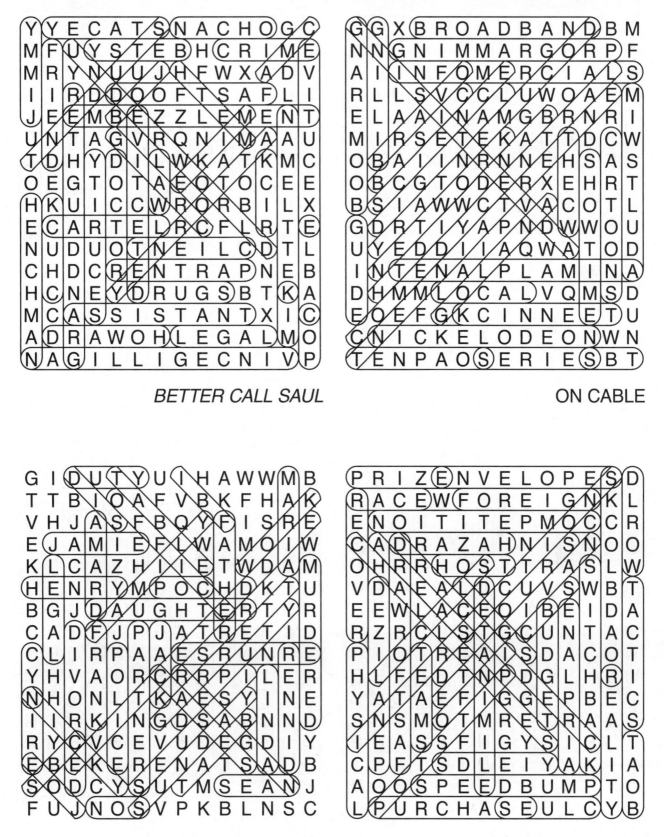

BETTER CALL SAUL

ON CABLE

BLUE BLOODS

THE AMAZING RACE

NATIONAL NEWS

FARGO

THE YOUNG AND THE RESTLESS

SHARK TANK

WESTWORLD

```
A L E G N A M U H E I S L E
V G S T S E U G E O N N L E
M A D A M F W H C B R O A L
G N I M R A H C T H E T V F
B G R R O T I N O M T H I O
O B E R N A R D R M S C V U
A O C H A R L O T T E I R N
M A T T H E R E S A W R U D
A R O M A I L L I W D C S E
R D R G M T O Z A L L E R R
D I O R D N A O S R I A O N
L I S A J O Y D U A W E B O
G S E C U R I T Y T F V E L
P E T E R F L Z F L L E R A
H O S T S E R O L O D A T N
F D R O T I S I V K W M W Y
```

WESTWORLD

2016 EMMY WINNERS

```
S U S A N N E B I E R K P O
E M I T W O H S B Y I C A G
L X A P E E V L L N E A T R
I I U S P K O C H A C L T A
N L R B T O S C B L I B O F
A F S A D E O A A S O N N Y
M T O L S P R A B A V A O A
E E I X A N L O C M E H S W
Y N O S L U A P F A H P W O
E C O M E D Y C E N T R A L
R U D Z I N S K I A O O L O
A B B E M I T E F I L N T S
M A G G I E S M I T H O E L
C N I G H T M A N A G E R L
L I A K S A M O H T H B O I
S N L B R E V I L O N H O J
```

2016 EMMY WINNERS

PRETTY LITTLE LIARS

```
P N C A L E B V I C T I M M
U A D L Y O Y L I M A F H U
O B N N I B V R R L I A R S
R R M W A Q A E E Y L T S I
G U D E E L U B G T L A W C
I B O A C N E E F P S I I E
R U O L I T E C R H L Y M N
L S W T L E D E I R R A M E
S O E H O E G F E E E L E L
D D S G P N A S N C H I R Y
Y B O T A S F T D N T S Z T
N F R N H S A U S E O O K S
W T T I M L S D F P M N J V
O C O L L E G E A S K O O B
T N H E V I F N M E K A R D
O O T H R E A T E A C H E R
```

PRETTY LITTLE LIARS

ATLANTA

```
R D M S S D E T S E R R A A
F E O A D C U L T U R E E S
S N N D R E E R A C T V H S
G W L E A K R J S I A O S E
P A I R W R S E H D O L T A
A H T F A E I W G T Y G A N
R S J L F L D U I A E D R V
T E K A I A C N S A N L D H
Y D T M M O G H R E O A O U
I T A H U L B N I T M N M S
N F A S G P A R T P A O Y T
G X I U U U F I E E H D H L
R N A C C L A I M P E O X E
S T N E R A P D J M A R P U
A P R I N C E T O N I P T C
A I G R O E G C B L I V E S
```

ATLANTA

```
G F C J Z S L E N N A H C D
R R N O S T A L G I A A D E
O E X G M C E D O S I P E D
W B S N S M A R G O R P T R
I R E I F E E O Q L T Y A O
N O I T U B I R T S I D C C
G A D H L W A T C H M A I E
P D E G L M N E Y I E Y D R
A C M I H H E R Y L A S N E
I A O L O I D M D A I L Y D
N S C N U T I F O R P M S L
S T R O S T A R T R E K A O
Y Q P O E C I V I M A I M F
F T I M E S L O T O A B K G
T C H E E R S C I S S A L C
S A M A R D G U N S M O K E
```

RERUNS

```
S T A T U E A N G E L F G Z
R O L E S Y Y D O B A E P K
X A M O D E R N E S I M R A
L A N C E C C E N T R I C G
N O O P M A L R N M S N N E
I C A R R I E A F E R I R N
E A W I F F R R L T N S E D
S D R E A T K F C F E P N R
N A D T S E I D O R A P I X
W C S K T U I N U I O P W H
O E O C E N O T P E B Y S J
R O H M E G L H L N J L A I
B E M R E U N C E D T K E M
S Y S R C D X M I S F I T S
S R O M U H Y S A T I R E D
```

PORTLANDIA

```
R A B N U D M L E H C A R T
U Y M E R I A L C P F V E A
T N A T H A N D A R R O W W
H S J H N G I O B E M R O N
L A O G O I P U E S A T P Y
E K R I I L U G A I H E L C
S I I R T L L X U D E P E Y
S N T W C I A W W E R N U P
J A Y N E A T K I N S O N R
N J W I L N I Y L T H I D E
Y A H B E C O M L Y A T E S
D F I O O F N M I X L U R S
D F P R A I D E M I A C W A
E R T S I Y B B O L A E O C
R E P O R T E R N Z L X O U
F Y H U S B A N D H I E D L
```

HOUSE OF CARDS

```
M S Q B A V I H S E M I R G
C T E L L U B G X N A H R L
J L E I K E Z E P E T D E E
E R Q I B R D R E G N A D N
F L L U A M O I Z U A S R N
F L E S M I O S S E L C U Y
R P S G U O R Z I N T A M T
E O B A R R D D B T A V R L
Y T A A V O V G N J A E I A
D L M B T I R I N A N N C Y
E L O W S T O R V I X G K O
M I C H A E L R O O K E R L
U H O D W Y F E S H R R L Y
N T A Y R A U T C N A S L A
N P N A G E N B M W V S O I
T H D W J D F H A P M C B M
```

THE WALKING DEAD

MR. ROBOT

```
A D E S T R O Y R S F Y R R
W E A N G E L A N P B T E T
A N X I E T Y O U Y I E K H
R D O E L L I O T T N I C O
D I E I S S R N M I R C A U
S R D T S G O A G T E O H G
B V U I I S N N D N D S D H
I I M G R U E A V E R F E T
I S N O E S O R R P D O P L S
O G D U E K M C P I S R U T
L L J S A I E H E E I O S R
A P A R A N O I A R D C I U
T R M L E F A S L L A L O G
E Y C Y N A T T A C K I N G
D C K E T N A L I G I V U L
A T A D F T H R I L L E R E
```

THE VOICE

```
E M E G A T S I N G I N G U
R D T M G T Y T I L A E R B
U H I Y E L I M S R I A H C
Z O H U S R E W E I V W W O
W S D C G M U R U E T A M A
I T W D E N G I S N U R P C
N S N N O S O N G S O T A H
N R T C A R T N O C K E R E
E O O E U Q I T I R C A T S
R S L L E R R A H P O M N H
O I O M I T N E U V N S E A
U V S P N U L L O L K X R K
N D S E L E C T E D A S L I
D A L A N B I T D R O C E R
S A E A N N L A N I F D O A
T D P R G U O B R E H S U V
```

CRIMINAL MINDS

```
E E C R O V I D A T E S J Y
F C A S T T I W E H S P A L
L I A J R E D R U M T W M I
O L R R E C I F F O A V A M
F O P A T I N K I N L N R A
E P P E H H L G E R K J D F
I M D A P T A E X P E R T S
H A L X A R R R N O R A A L
C E I O S G O O D B A C R E
Y T A C J S I F U E A I E M
B Z I I A T V J I B N U R I
U C S T S N A K I L L E R R
S A O N O E H N N K I I D C
N T N A N G E R P A K N N D
U C J U N A B O S S R W G G
P H X Q K R O W E I B F L K
```

THE CROWN

```
M D S B C D N E S N W O T P
A U I R H P H I L I P I H R
C K S I U N C L E Y A O E E
M E I T R E B Y R R T H H T
I M R A C D M R T O T S S I
L A C I H P A R G O I B U R
L T Z N I M O R M T R K T E
A T E C L P A D I E E E H M
N S U F L P N R T N D T E E
E M S A H A B S N W E F R N
T I R E R E I E A B I N L T
F T R G U S D R A W A G A S
L H I R A Y D Z E M L I N I
I W O G H T I L X F A E D T
X P E N G L A N D C O R H R
E J L R E T H G U A D Y D A
```

CLASSIC SHOWS

RIVERDALE

GAME OF THRONES

NEWSCASTER

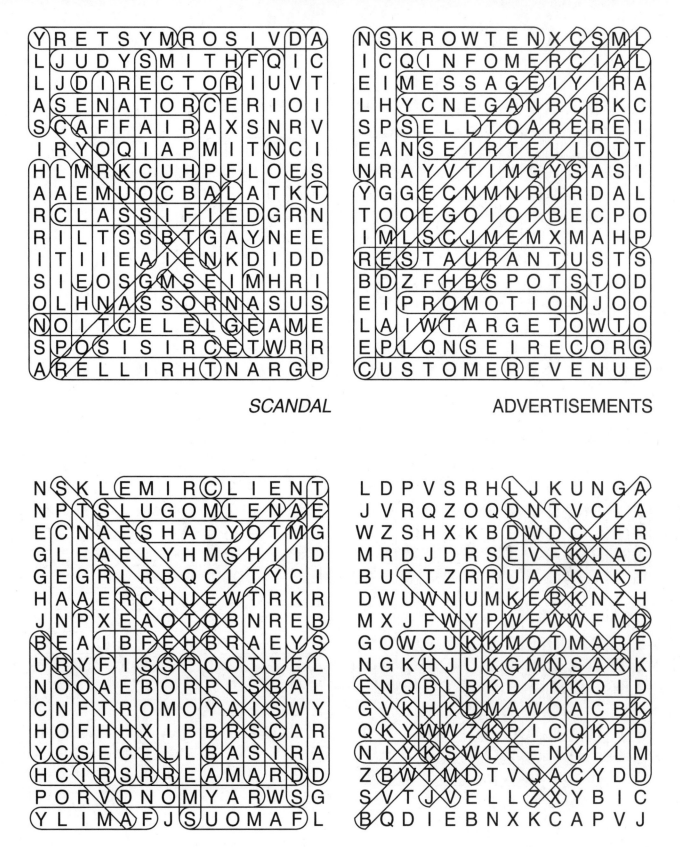

SCANDAL

ADVERTISEMENTS

RAY DONOVAN

K CALL SIGNS

MADAM SECRETARY

ALEC BALDWIN

LAW & ORDER: SVU

EAT AND WATCH

FULL FRONTAL WITH SAMANTHA BEE

CBS

DESIGNATED SURVIVOR

THE GOLDBERGS

LOTS OF TV

SATURDAY NIGHT LIVE

HALLMARK CHANNEL

VEEP

278

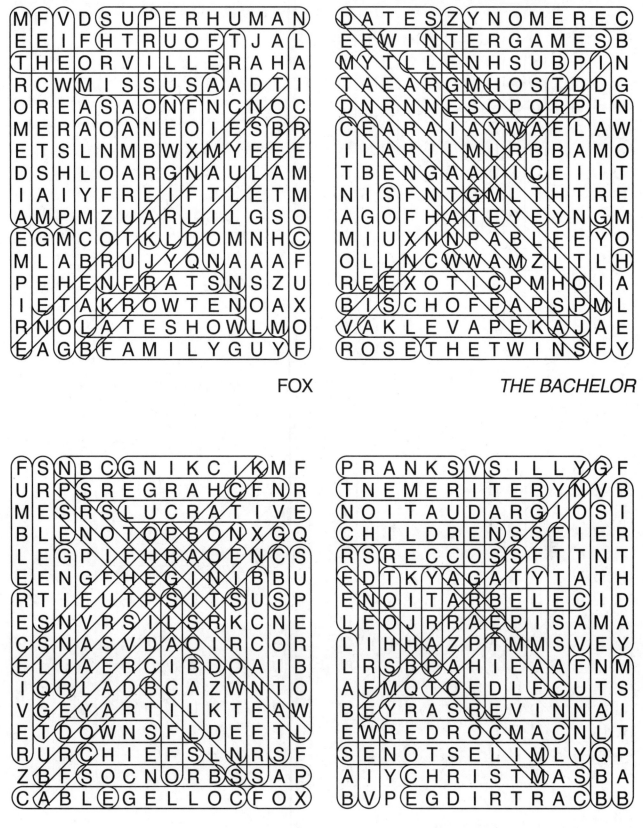

FOX

THE BACHELOR

FOOTBALL

WATCHING HOME VIDEO

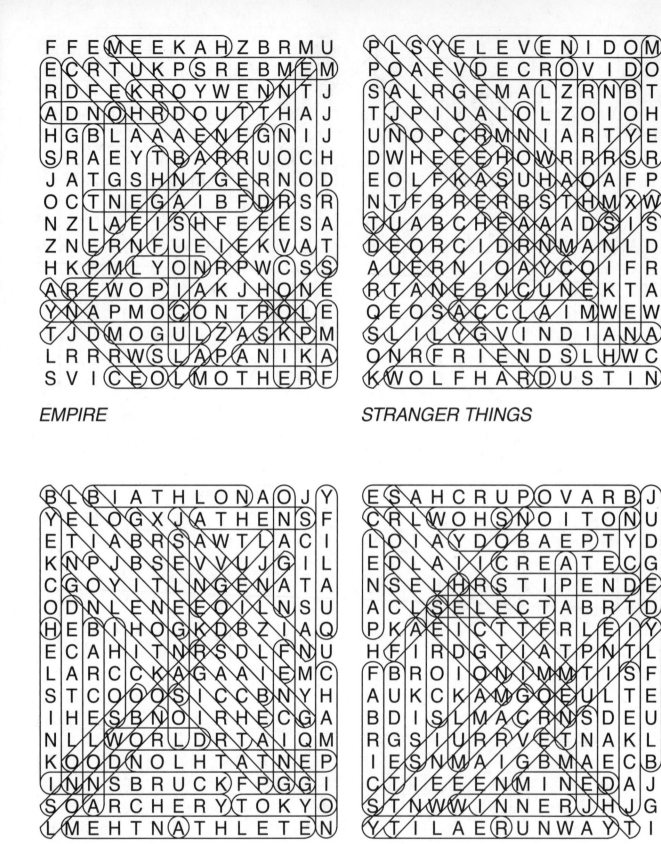

EMPIRE

STRANGER THINGS

OLYMPICS

PROJECT RUNWAY

280

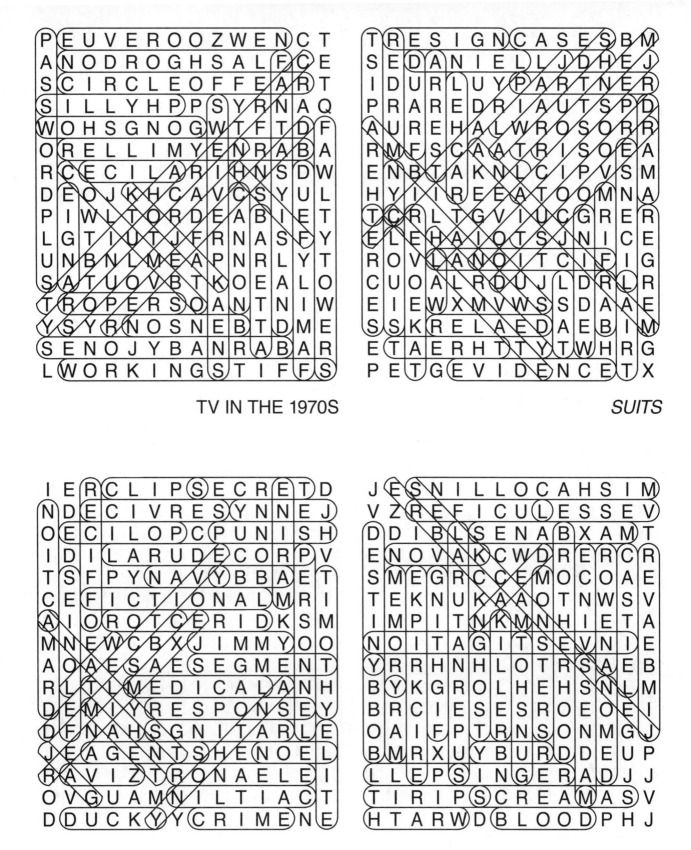

TV IN THE 1970S

SUITS

NCIS

SUPERNATURAL

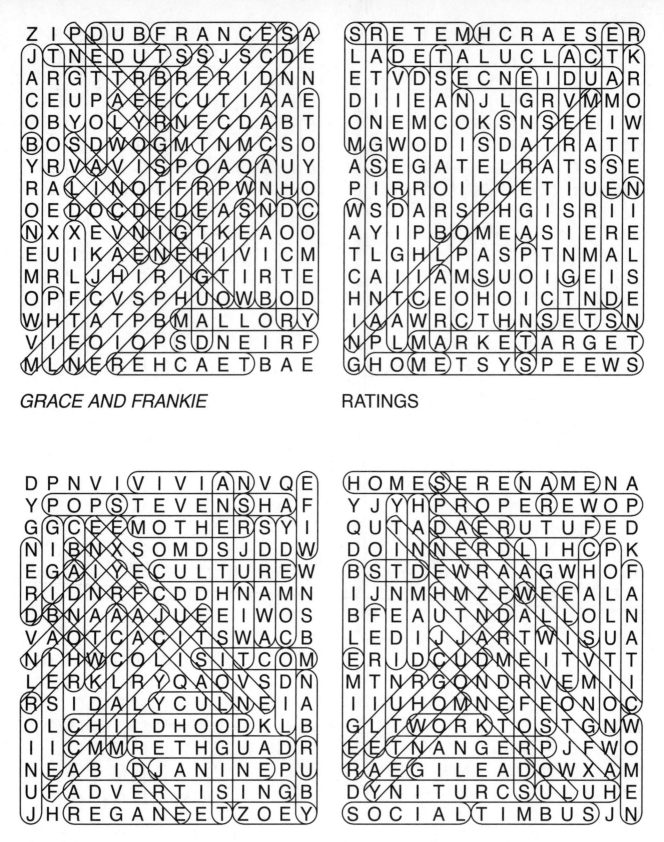

GRACE AND FRANKIE

RATINGS

BLACK-ISH

THE HANDMAID'S TALE

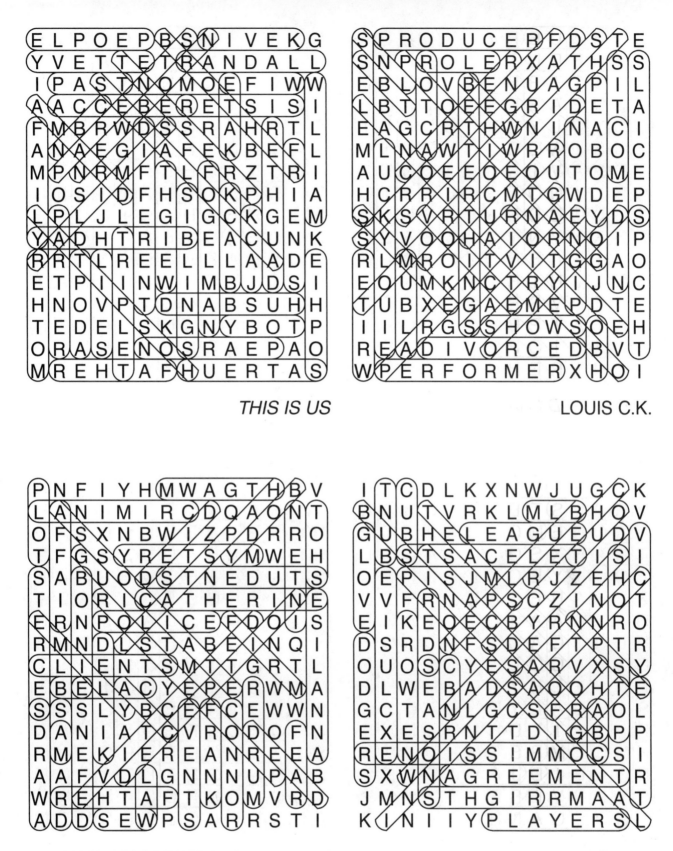

THIS IS US

LOUIS C.K.

HOW TO GET AWAY WITH MURDER

BASEBALL

PRESTIGE DRAMAS

THE BLACKLIST

FUNNY WOMEN

THE AMERICANS

284

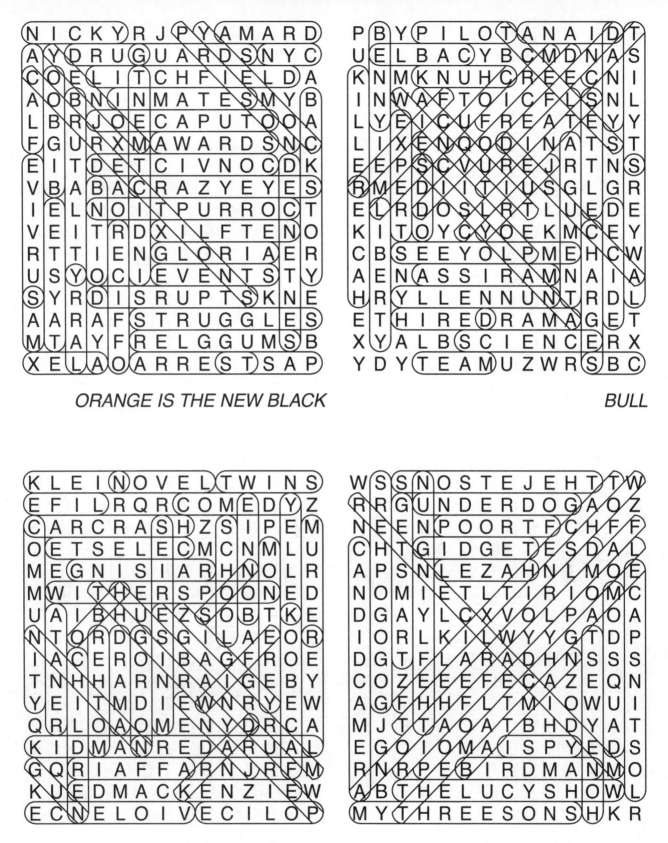

ORANGE IS THE NEW BLACK

BULL

BIG LITTLE LIES

TV IN THE 1960S

```
K R O W W Y N N U S E Z M D
H F E V A B B K J Y T A A U
H C T T H B Q B W Z L T D T
L R I L S E H D U K E W L R
P H N R S I L L Y H P D O E
O T D S Q O S L D R U O N C
Z R E Y O W W Q E C D F M N
X E R H D A U G H T E R S O
K S C E J A N O X S A A I C
X S I P N A V E L L Y N Z C
N A K B N N N R A G F K Q F
K Z M T Y S I E D N E I R F
B O B Y Y G R D M W V E X E
M N H Z D I V O R C E D F J
I S A M F O X Y Z Q R I M O
C Q Z Z J V Y G X E L T I Y
```

BETTER THINGS

```
K K R D R A V R A H H W R J
N H W R E L L O T S M R E L
H U S B A N D N H O J I N A
I S U O I T I B M A S T R W
N I C K R O Y W E N V E U Y
M U A R D N U F T S U R T E
U X N E I P P I H R D X T R
L I T E R A R Y A G E N T E
A L E V M E F I W T G T N N
G E C W C P A F K C R Y N G
I F N E L E L C A O A G E I
N Y A A U T H O R L S R T S
G T N L M H D M Y L S O F E
X R I T S A W E X E O U L D
N A F H Y N N D W G D P I M
X P M Y O G A Y H E J P X C
```

FRIENDS FROM COLLEGE

```
T S A C D A O R B F L O G O
E C R E C C O S G L E O M R
K I N M A E T N A N N E P I
C T R A C K D B E V I L F V
I S E G N I T U O H S C P A
R A C O C O M M E R C I A L
C N N L O Y E K C O H T Y R
L M U F L L A B E S A B A Y
A Y O C O M M E N T A R Y W
I G N I D R A O B W O N S R
C N N E N O I T A C I D E D
O I A S U P P O R T W P S P
S X K S M A S C O T L J P A
O O B A S K E T B A L L N C
N B H V O L L E Y B A L L E
D C O L L E G E N A S C A R
```

SPORTS ON TV

```
T A R I Q R X J N T W X I H
E U P E O B H B A B G J Y N
G N R T P R I S O N E R E I
E Y H T N E D U T S V F N V
L C Y M U R D E R N I A R L
L R N S E R G E A N T T O A
O C R E V I R D W S C H T C
C A N D R E A O I A E E T Y
Y R D J E W A K G F T R A N
D E S U C C A L G A E R V I
D Y N D I P Q L I R D I G E
E W E G F E O K N S C I M L
R A E E F D E L S T O I T K
F L U N O S A L I M R N N A
A C Q N A H K M X C I X A T
B A P C I Y X N E L E H Z Z
```

THE NIGHT OF

286

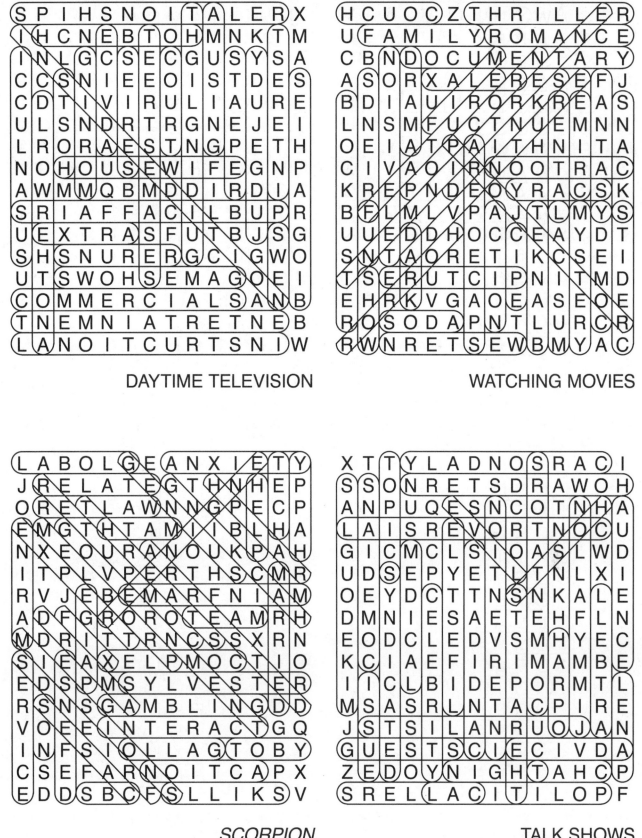

DAYTIME TELEVISION

WATCHING MOVIES

SCORPION

TALK SHOWS

SPEECHLESS

SATURDAY MORNING CARTOONS